四国八十八ヶ所札所めぐり

新装改訂版

歩き遍路徹底ガイド

小林祐一 著

Mates-Publishing

涅槃の道場
香川県

発心の道場
徳島県

■本書をご利用になる前に

●各札所の紹介記事の前に、そのひとつ前の札所からの移動方法を徒歩・車・公共交通の３つの方法で紹介しています。

●徒歩の場合の歩行時間は１時間につき３・５km の移動を原則に、坂道や山道などの状況を考慮して算出した標準的な時間を記していますが、途中の休憩時間は含みません。歩く速度には個人差があるので、必ずしも表記の時間通りにならない場合があります。

●車ルートの移動所要時間は標準的な時間で、渋滞などの状況によっても変化します。

●地図は、原則として最寄りの駅またはバス停から札所までの範囲を掲載しています。周辺の札所からの移動区間についても地図上で参考にできるようにつとめましたが、札所間の距離が長距離の場合は、移動区間の地図は割愛しています。

●掲載のデータは2023 年 12 月現在のものです。

新装改訂版　四国八十八ヶ所 札所めぐり
歩き遍路 徹底ガイド

菩提の道場
愛媛県

修行の道場
高知県

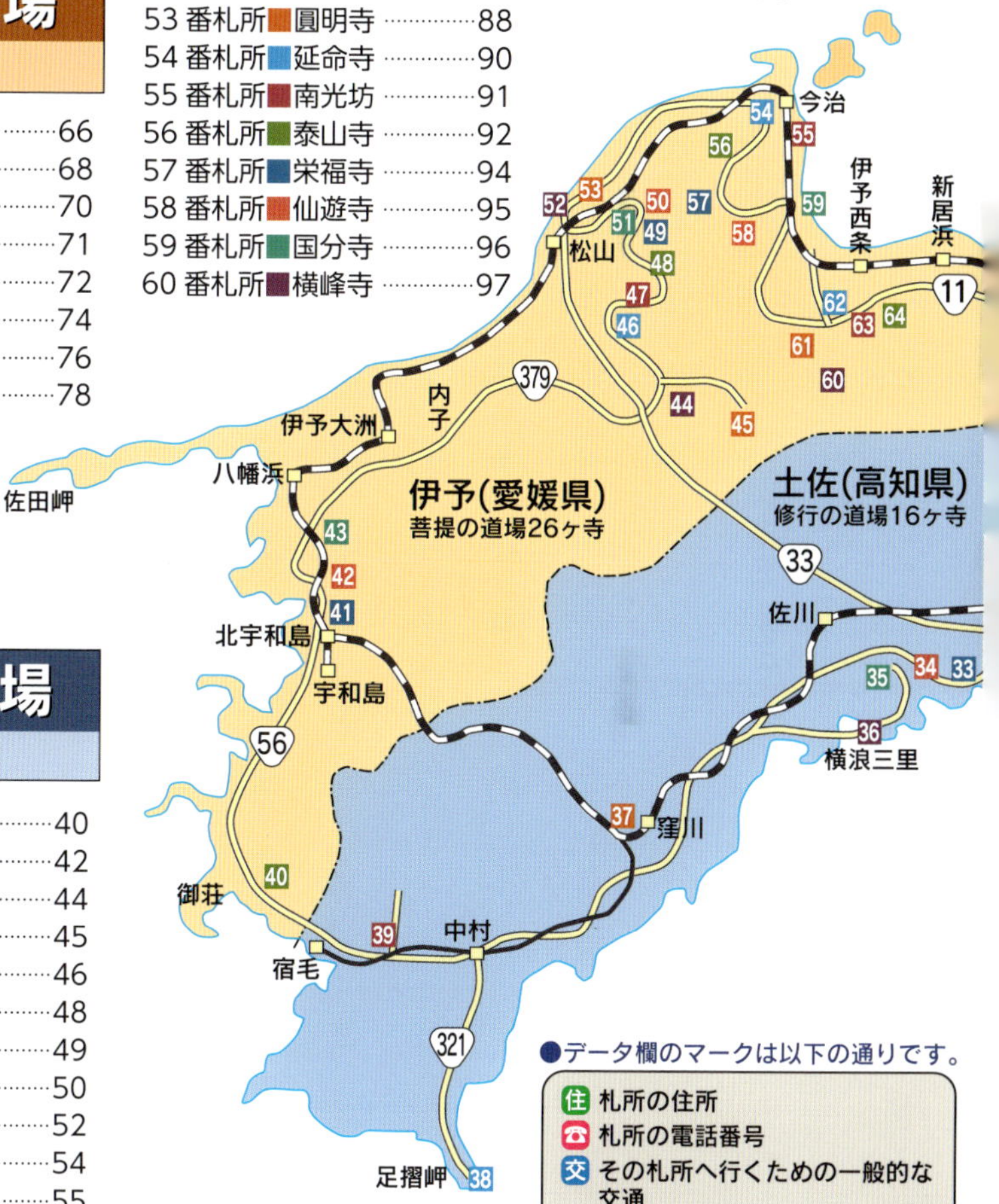

●データ欄のマークは以下の通りです。

- 住 札所の住所
- ☎ 札所の電話番号
- 交 その札所へ行くための一般的な交通
- P 駐車場の有無
- 宿坊 その札所の宿坊の有無、宿坊がある場合はその詳細

※本書は2018年発行の『四国八十八ヶ所札所めぐり 遍路歩きルートガイド 改訂版』の内容の情報更新を行い、書名と装丁を変更して新たに発行したものです。

四国八十八ヶ所

札所巡りへ旅立つ前に～巡拝の準備

遍路の装束を身に着けるとこのような感じになる。

白衣と輪袈裟、金剛杖。白衣の背中には「南無大師遍照金剛」の文字が書かれている

■遍路の衣装と用具など

遍路の用具や服装には、最低限用意したい必需品と、必ずしも必要でないものとがある。

たとえば遍路の服装である白装束。正式には、上着とズボン、足首からすねにかけて巻く脚絆、そして地下足袋で菅笠をかぶる。しかし、現代の遍路でそこまで徹底して正式の装束にこだわる人はあまりいない。とりわけ、地下足袋や脚絆という人は見かけない。地下足袋より履きなれたスニーカーやウォーキングシューズなどのほうが歩きやすいし、靴を履くなら脚絆は不要だ。白装束のズボンでなくてもジーンズやスポーツスラックスで十分。菅笠は帽子で代用してもいい。

以下、遍路の服装と用品について解説する。用品は1番札所霊山寺に隣接する、遍路用品の店「門前一番街TEL088·689·4388」ほか、各地の札所や札所付近の販売店で入手できる。

●金剛杖《こんごうつえ》（1700円程度～。価格は目安、以下同）

杖は弘法大師の分身とされている。四国八十八ヶ所では「同行二人」という言葉がしばしば用いられる。これは「私は弘法大師と二人連れで巡拝をしている」という意味。したがって、大師の分身である杖は必ず持たなければならない。杖の上部には杖袋（350円程度～）をかぶせる。

なお、橋を歩くときは杖をついてはならない。これは修行中の大師が寒さをこらえて橋の下で一夜を明かしたというエピソードから。

宿泊する場合は杖を部屋まで持ち込む。泥などがついていたら部屋に上がる前に洗う。部屋に持ち込んだ杖は、和室なら床の間に、洋室なら上座と思われる場所に置く。遍路の対応に慣れている宿では、杖を置く指定の場所が用意されている場合もある。

金剛杖はごく似たものを何人もの遍路が持ち歩くので、他人のものと取り違えないよう注意すること。目立つところに名前を書いておく、ほかの人とは違う鈴やストラップをつけるなど工夫をしたい。

八十八ヶ所すべてをめぐったら、ゴールの八十八番札所に杖は奉納する。

●納め札（白200枚200円程度）

自分の名前や参拝の日、願い事などを記入して、札所で本堂と大師堂に納める紙の札。寺によってはそのほかの堂宇にも納めることがある。参拝したお堂に渡す名刺のようなものなので、必ず用意する。

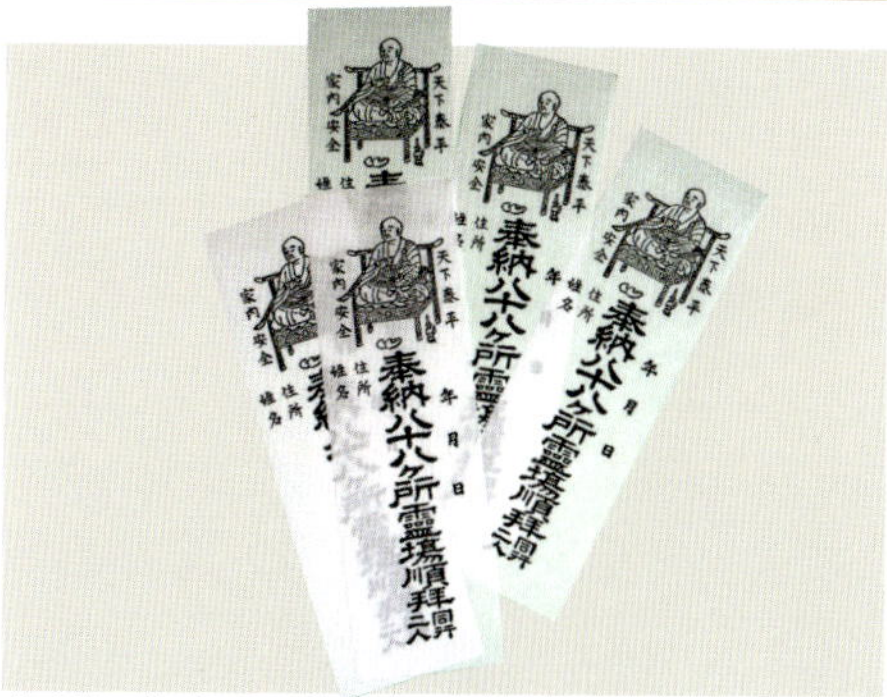

納め札。住所は個人情報なので詳細には書かず「○○県××市」程度にすることも少なくない

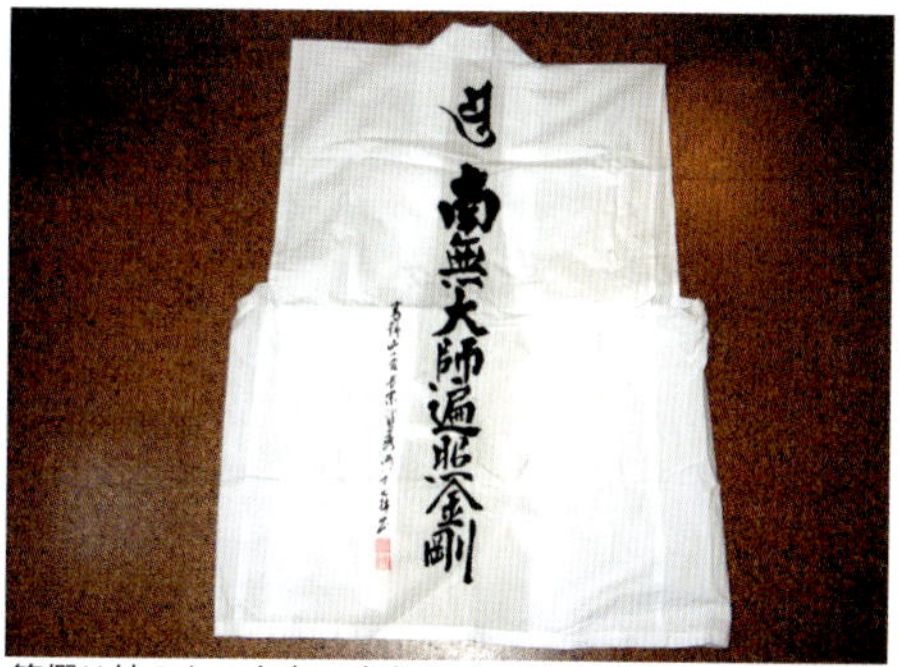

笈摺は袖のない白衣。略式だが、夏場などはありがたい

納め札には白、緑、赤、銀、金、錦の各色があり、八十八ヶ所巡拝の回数に応じて使い分ける。初心者は白札。5回以上の札所めぐりを経験している人は緑札。7回以上は赤札、25回以上は銀札、50回以上は金札、100回以上は錦札となる。

納め札は、宿泊した宿であらかじめ住所氏名などを記入して書きためておくと、参拝の際にスムーズではあるが、時間の限られた団体ならともかく、個人での参拝なら各札所でじっくりと時間をとって参拝するのもいいものだ。寺へ到着して、荷物を紐解いて、納め札に記入する。そんなゆったりとした時間のすごし方も、遍路旅には似合う。

●納経帳《のうきょうちょう》（2000円程度～各種）

各札所でご本尊名と寺名を書いてもらい、朱印を押してもらうための綴り本。巡拝の必需品だ。すべての札所をめぐってご朱印をいただくと、その遍路自身の来世への旅路を導いてくれるといわれる。納経帳への納経料は各札所300円（令和6年4月1日からは500円）。

●白衣《びゃくえ》（上着3300円程度・笈摺《おいずる》2000円程度）

札所めぐりの正装。上着とズボンがある。ズボンはともかく上着だけでも用意したい。半袖の上着（笈摺という）もあり、普通の服装の上から羽織のように着られるので便利。白装束は遍路としての自覚にもなり、心を引きしめてくれるので、着用をおすすめする。

●輪袈裟《わげさ》（1500円程度）

僧侶が着用する袈裟を簡略化したもので、白衣や笈摺の上から首にかける。札所参拝の正装具。

●経本《きょうほん》（700円程度）

般若心経や各札所のご本尊のご真言などが書かれており、各札所で参拝のときにはこれを読み上げる。初心者には必需品。

●山谷袋《さんやぶくろ》（2200円程度～）

遍路用品を入れるバッグ。あると便利だがウエストバッグやショルダーバッグなどで代用してもいい。

●持鈴《じれい》（1800円程度～）

この鈴を鳴らすことが供養につながり、道中の魔よけにもなる。持っていてもいい。

●菅笠《すげがさ》（1650円程度～）

日よけと雨傘代わりの二役ということで、歩き遍路には予想以上に役立つ。ただし車で回る場合にはどちらかといえばじゃまになる。ちなみに境内での参拝中は脱帽が原則だが、菅笠は取らなくてもよい（履き物を脱いで建物の中に入るときは菅笠も取る）。

●数珠《じゅず》

普段使っているものがあればそれでもいいが、なければ必ず用意する。数珠は真言宗、浄土宗、日蓮宗など宗派によって形式が異なる。札所めぐりのために新たに買い求めるなら、真言宗用のものを。値段は材質によって数千円～数万円までさまざま。

●御影帳《みえいちょう》（2500円程度～）

各札所で授けてもらえる御影（ご本尊の絵姿が描かれた、名刺よりもやや大きめの紙）を保存するための専用ファイル。必需品ではないがあると便利だ。

●線香・ろうそく

必需品だが、使いきったらそのつど各札所や道中のコンビニなどで補充していけばいい。

数珠。写真のうち、短いものは略式、長いものは真言宗の様式

輪袈裟はトイレに行くときなどははずす

●小銭入れ

巡拝の用具ではないが、賽銭で小銭を大量に使うので小銭入れは必携。賽銭は1つの寺で2～3ヶ所に納めるし、寺によっては石段の1段ごとに賽銭を置いていくといった習慣のある場合も。

■各寺での参拝方法

各寺への参拝には一定のルールがある。必ずこの通りにしなければならないというほど厳しいものではないが、できるだけしきたりには従いたい。

1 門前で一礼 寺に入る前に、山門（仁王門）で一度おじぎをし、それから境内に入る。なお、寺を退出する際にも門前での一礼を忘れずに。

2 手水場へ まず水屋に立ち寄り、ひしゃくで手に水をかけ、口をすすいでお清めをする。

3 鐘を撞く 寺によっては鐘を撞くことを禁止している場合もあり、注意が必要。

4 本堂へ参拝 ろうそくを1本と線香3本に火をつけ、納め札を納札箱に納め、賽銭をあげる。それから合掌。「うやうやしくみ仏を礼拝したてまつる」と礼拝の言葉を唱える。

5 本堂で読経 経本を見ながらお経を音読。経本に従って①開経偈 ②般若心経 ③各札所ごとのご本尊の真言 ④光明真言 ⑤高祖宝号（三唱） ⑥回向文 を順に声に出して詠んでいく。

6 大師堂へ参拝、読経 本堂での手順を繰り返す。ただし、③のご本尊真言は不要。

7 その他の境内の諸堂へ参拝 観音堂、不動堂、地蔵堂などの諸堂へ参拝。読経は省略してもいい。

8 納経所へ 納経帳に記帳してもらい、ご朱印をいただく。なお、四国八十八ヶ所では、納経帳・掛け軸・白衣以外へのご朱印はいただけない。納経料は納経帳の場合300円、掛け軸500円、白衣200円。このとき御影もいただく。御影は1体100円、カラーの御影を希望する場合は200円。納経を受け付ける時間は各寺ともおおむね7時～17時。

※令和6年4月1日より、納経料、納経受付時間が改定。納経料は納経帳500円、掛け軸700円、白衣300円。納経受付は8時～17時。

■札所めぐりの交通手段

札所めぐりは、1度の行程で八十八ヶ所すべてをめぐらなければならないわけではない。さらにいえば、めぐる順番もこだわらなくてもいいとされている。毎月1度ずつ2泊3日かけて、2年がかりで八十八ヶ所すべてを歩きとおした、という人もいる。鉄道やバスを利用してもいい。マイカーやレンタカーでめぐる人も多い。

●徒歩

札所めぐりの旅の基本は徒歩。歩くことで自分を見つめなおし、次第に無心になっていくことができるのは歩き遍路ならでは。八十八ヶ所すべてを歩きとおすと、約1400㎞の道のりとなる。日程では成人男性でおよそ45日、余裕をもたせるなら60日程度はみておきたい。

山谷袋

納経帳

経本

●公共交通を利用

JRや路線バスなど公共交通機関を利用しつつ、駅やバス停からは歩くという方法。列車やバスの本数は限られているので、事前に調べておきたい。バス停や駅で下車したら、次のバス・列車の時刻を調べてから札所に向かおう。この方法だと所要日数は3～4週間。

●マイカー

マイカーやレンタカーでめぐると、10日くらいで完了する。ほとんどの札所にはすぐ近くに駐車場があるが、駐車場がない札所もある。札所によっては駐車場から30分くらい歩くことも。

●バスツアー

大型バスを利用する団体ツアー。宿の手配や昼食会場などすべて旅行会社が手配してくれるので、申し込むだけでOK。先達と呼ばれるベテラン遍路がガイドにつくツアーなら、参拝の作法なども教えてもらえる（先達のガイドがないツアーもある）。遍路用品も、1番札所から始まるツアーなら現地調達ができる。

大手の旅行会社の場合、東京出発や名古屋出発のツアーもある。また四国内のバス会社では、主に四国内で集合・解散のツアーを実施している。

旅程はさまざまで、一度にすべての札所をめぐる「全周」だと10泊11日～14泊15日程度の旅程になる。「徳島県の札所を2泊3日前後で」、とか「高知県の札所を3泊4日程度で」という方法は「一国まいり」と呼び、複数回で88ヶ所すべてをめぐるという方法もある。

大手旅行会社のツアーや、四国内で実施のバスツアーなど、インターネットで調べるか、旅行代理店などに問い合わせを。四国内でバスツアーを実施しているバス会社については左記のリストを参照。

なお、バスツアーの場合、納経料や賽銭などは料金に含まれない。

●タクシー巡拝

貸切タクシーで巡拝する方法もある。乗務員がガイド役を努めてくれることもあり、また札所以外の観光地に立ち寄るなど行程に自由度がある。一部の例外を除き、山門のすぐ前まで車で行くことができるので、足腰に自信のない人にもおすすめだ。予算に余裕があるならぜひ。料金の目安は1日あたり4万円程度～といったところだが、これに乗務員の宿泊費・食事代・駐車場代などが加わる。全部回って8～12日程度。

また、JR四国などの旅行会社でタクシー利用のプランを用意している場合もある。詳細は問い合せを。

●バスツアーを実施している主なバス会社

徳バス観光サービス（徳島県）…	TEL088-622-0886
伊予鉄トラベル（愛媛県）………	TEL089-948-3114
ことでんバス（香川県）…………	TEL087-851-3320
JR四国旅の予約センター（香川県）…	TEL087-825-1662

●タクシー巡拝を実施している主なタクシー会社・旅行会社

金比羅タクシー（徳島県）………	TEL088-622-1693
土電ハイヤー（高知県）…………	TEL0120-818-035
伊予鉄タクシー（愛媛県）………	TEL089-921-3166
南四国観光ハイヤー（高知県）…	TEL088-880-2929
四国巡拝センター（香川県）……	TEL087-823-4133
JR四国旅の予約センター（香川県）…	TEL087-825-1662

第1番札所

竺《じく》和《わ》山《ざん》　一《いち》乗《じょう》院《いん》
霊《りょう》山《ぜん》寺《じ》

発心に始まる札所めぐりの出発点

■ご本尊　釈迦如来
■ご詠歌　霊山の釈迦のみ前にめぐりきて　よろずの罪も消えうせにけり

壮大な山門

大師堂

多宝塔は江戸時代の建物

●遍路の出発点

「一番さん」の愛称で親しまれている札所。門前にはみやげ店が並ぶ。境内に遍路用品の店があり、特に白衣《びゃくえ》や杖など遍路のための道具はここで一通りそろえることができ、いかにも遍路の出発点といった雰囲気だ。

始まりの札所にふさわしい壮大な山門をくぐると、右手には池があってその向こうに大師堂、左手には多宝塔が見える。正面にのびる参道沿いには十三仏堂があり、その先に本堂がある。

●和国の天竺《てんじく》

この寺は天平年間（729～749）に聖武《しょうむ》天皇の勅願で行基によって開かれ、弘仁6年（815）に弘法大師空海が釈迦如来を刻んで本尊としたという。本尊は秘仏で、開帳はされない。伝説によると、空海がこの寺を開いたとき、一人の老師が仏法を説いており、その周りを何人もの弟子たちが取り囲んでいたとか。その様子が、天竺（インド）の霊峰・鷲峰山《じゅぶせん》で釈迦の説法を菩薩たちが聞いている様子になぞらえて、和国（日本）における天竺の霊山、という意味を込めて、竺和山という山号を与えたのだという。

●本堂と多宝塔は江戸時代の建築

室町時代には阿波の豪族三好家の庇護を受け、本堂、大師堂、多宝塔など七堂伽藍が建立された。天正10年（1582）に兵火に遭い、万治年間（1658～1660）に再建。明治24年（1891）に再び火災に遭うが、本堂と多宝塔は焼失を免れた。大師堂や庫裏、山門はその後の再建によるものだ。

本堂に入ると、天井から吊り下げられた数十もの灯篭の明かりが幻想的な雰囲気をかもし出す。遍路の正式な作法はこの本堂で授戒を受けてから、巡拝をスタートすることになる。

幻想的な雰囲気の本堂

●縁結び観音

山門の脇には縁結び観音が祀られている。縁結びといっても男女の縁に限ったことではなく、取引先との縁など仕事関係や、あるいはよき友人に恵まれるなど、さまざまな縁を結んでくれるという。

DATA

住 徳島県鳴門市大麻町板東塚鼻126
☎ 088-689-1111
交 JR高徳線板東駅から徒歩15分
P あり(無料)　宿坊 宿坊　なし

●番外霊場　愛染院

3番札所金泉寺の奥の院。弘仁7年(816)、弘法大師がこの地に霊気を感じ、不動明王を刻んで安置したのが始まりという。戦国時代のこの地の領主・赤澤信濃守崇伝の菩提寺。赤澤信濃守は戦の最中にわらじのひもが切れて討ち死にしたといわれる。民間信仰として、この赤澤氏の霊廟に参詣すると腰から下の病にご利益があるといい、病が癒えたらわらじを奉納するのだとか。

■ JR高徳線板野駅から徒歩50分

金泉寺仁王門

金泉寺本堂

第2番札所

日照山《にっしょうざん》 無量寿院《むりょうじゅいん》 極楽寺《ごくらくじ》

弘法大師手植えの長命杉が目を引く

■ご本尊 阿弥陀如来

■ご詠歌 極楽の弥陀の浄土へ行きたくば 南無阿弥陀仏口ぐせにせよ

楼門形式、入母屋屋根の壮大な仁王門

仁王門の金剛力士

健康長寿を祈る遍路も多い長命杉

■1番霊山寺から

◆徒歩／門前の交通量の多い県道を西へ。一本道で迷うことはない。約1.4㎞、所要30分。

◆車／徒歩と同じ道。所要3分。

◆公共交通／霊山寺前バス停から徳島バス板野駅南行き5分二番札所前下車。

MAP P9

●朱塗りの仁王門が印象的

1番札所霊山寺からやってくると、広い駐車場のかたわらに巨大な朱塗りの仁王門が見える。ここが2番札所極楽寺。門をくぐるとすぐ前に「願かけ地蔵」があり、その奥には庭園が広がる。本堂や大師堂へは右手奥の急な石段を上がっていく。

●伝説に彩られた秘仏の阿弥陀如来

本尊の阿弥陀如来は弘法大師が21日間の修行の末感得した仏さまといい、その姿を刻んで本尊とした。ところが、その霊験の光があまりにも強く、遠く鳴門の海まで達し、漁師たちが船を操る妨げになるほどだったとか。そのため本堂の前に小山を築いて光をさえぎった、という伝説があり、これが山号の「日照山」の由来となっている。

●弘法大師手植えの長命杉《ちょうめいすぎ》

境内でひときわ目を引くのは紅白の綱が巻かれた杉の巨木。弘仁6年（815）、弘法大師が「この寺を末永く守りたまえ」と願いを込めて植えたものといわれている老杉だ。その樹齢1200年という長命にあやかって、多くの遍路たちが紅白の綱を引いていく。木から霊気を授かって身体の健康や家内安全、長寿のご利益があるのだという。

●安産大師

この寺は安産祈願の「安産大師」としても知られている。伝説によると、とある妊婦が安産祈願に四国遍路に出かけたところ、巡礼を始めたばかりなのにこの寺で産気づいてしまった。苦しむ妊婦は夢うつつのなかで弘法大師のお告げを聞く。そして彼女はお告げにしたがって八十八ヶ所を巡拝してみごと結願、帰宅してから元気な男の子を出産したと伝えられている。

安産大師

DATA

住 徳島県鳴門市大麻町檜段の上12

☎ 088-689-1112

交 JR高徳線阿波川端駅から徒歩15分

P あり（無料）

宿坊 なし

多宝塔

第3番札所

亀《き》光《こう》山《ざん》 釈《しゃ》迦《か》院《いん》 金《こん》泉《せん》寺《じ》

弘法大師ゆかりの泉が寺の名称

■ご本尊 釈迦如来
■ご詠歌 極楽のたからの池を思えただ 黄金の泉すみたたえたる

■2番極楽寺から
◆徒歩／山門の脇から細い舗装路を行く。田園風景の中、標識に従って田んぼの中のあぜ道を進むと大師堂の裏手から境内に入る。約2・6㎞、所要40分。
◆車／県道を走る。約3㎞、5分。
◆公共交通／二番札所前バス停から鳴門バス板野駅前行き8分板野駅南下車徒歩15分。

●朱塗りの堂宇が印象的な境内

駐車場の傍らに建つ壮大な朱塗りの仁王門をくぐると、正面に参道がのび、その先に朱塗りの欄干《らんかん》の極楽橋。橋を渡ると前方に本堂、右手に大師堂があり、大師堂の隣には朱塗りの観音堂、本堂の背後には朱塗りの多宝塔が建つ。広々とした境内に、朱塗りの堂宇がいくつもあって、印象的だ。

●弘法大師ゆかりの泉

金泉寺は天平年間（729〜749）に聖武《しょうむ》天皇の勅願により行基が開いた寺。当初は金光明寺と呼ばれたが、後に弘法大師が泉を発見したことから金泉寺と改められた。その泉が「黄金井の泉」。泉から黄金が発見されたからというが、日照りに苦しむ農民たちにとっては、黄金にも等しい水だったろう。泉は現在、大師堂と観音堂の間を入った閻魔《えんま》堂の隣、黄金地蔵尊と書かれた小さな堂の中に井戸となって水をたたえている。この井戸をのぞいて見て、顔が映れば3年は長生きできる、あるいは92歳まで長生きする、などの伝説もある。井戸の脇にたたずむ地蔵尊は首から上の病にご利益があるとか。

●弁慶の伝説

この寺は元暦2年（1185）の源平合戦（屋島の合戦）の際、源義経《みなもとのよしつね》が戦勝祈願に立ち寄ったという伝承もある。そのとき力自慢の弁慶が持ち上げて見せたという大石が、庫裏の庭にある。大人でも手を回すことができないくらい巨大な岩で、竹垣に囲まれて樹木の影にひっそりと置かれている。

大師堂は履物を脱ぐことなく堂内（外陣）に立ち入り読経、参拝することが許されている。堂内では12枚からなる大師絵伝を見ることができる。なお、線香等は堂外の作法になる。

黄金泉

DATA
住 徳島県板野郡板野町大寺字亀山下66
☎ 088-672-1087
交 JR高徳線板野駅から徒歩15分
P あり(無料) 宿坊 なし

木々に囲まれた本堂

MAP P9

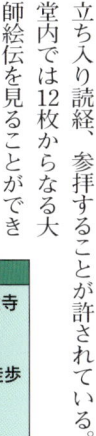

第4番札所

黒《こく》巌《がん》山《ざん》 遍《へん》照《じょう》院《いん》 大《だい》日《にち》寺《じ》

山懐に抱かれた静かな寺院

■ご本尊 大日如来

■ご詠歌 眺むれば月白妙の夜半なれや ただ黒谷に墨染の袖

山懐に抱かれた札所だ

徳島県●発心の道場

MAP P13

■3番札所から

◆徒歩／板野周辺の集落を抜け、田園風景の中を進む。３番札所奥の院にあたる愛染院を過ぎるとなだらかな丘の道。約５㎞、１時間30分。

◆車／県道12号線を西へ進み、板野西部消防署のある羅漢差点を右折。５番札所地蔵寺の門前を通って４番札所大日寺へ。６㎞、約10分。

◆公共交通／板野駅南から徳島バス鍛冶屋原行き（あすたむらんど経由）16分。大日寺口下車、徒歩15分。

●山に囲まれてたたずむ

春にはレンゲが咲き、秋には稲穂が風にそよぐ田んぼ。そんな田園風景の中を行くなだらかな上り坂の突き当たり、朱塗りの山門が印象的な大日寺がある。山懐に抱かれた地形で「黒谷《くろだに》」と呼ばれ、これが山号の黒巌山の由来とか。山門は上層部に梵鐘が置かれた鐘楼門となっている。上層部には廻縁と高欄をめぐらし、堂々たる印象。

●西国三十三観音もある

山門から本堂まで敷石の参道が続いている。右手には雰囲気のいい築地塀《つきじべい》が続き、初夏にはアジサイが境内を彩る。築地塀の向こう側は寺の本坊だ。

正面左手に薬師堂があり、薬師堂前の石段を上ると本堂。智拳印の大日如来像が堂内に安置されている。本堂から右側に回廊がL字型に続き、回廊の先で大師堂に続いている。回廊には西国三十三観音の本尊が33体並ぶ。寛政2年（1790）に大阪の信者が寄贈したもので、令和元年に修復された。

●本尊は大日如来

この寺の開創年代ははっきりとはわからないが、弘法大師がこの寺で感得し、一刀三礼して大日如来を刻んだというエピソードが伝えられていて、この大日如来像がご本尊（秘仏）。寺号もこれに由来する。ちなみに一刀三礼とは材を1回刻むごとに三礼をすること。三礼とは仏法僧への礼拝のことで、当然読経なども含まれるから、そこに込められた思いは並大抵のものではない。大日如来は宇宙の中心に位置する最高の仏であり、真言宗の本尊でもある。宇宙をあまねく照らす智恵の光で衆生を闇から光明の世界へ導いてくれる仏さまだ。

●元禄のころの建物

この大日如来を守り本尊として厚く信仰したのが徳島藩主蜂須賀家で、現在の堂塔の多くは元禄年間（1688～1704）に蜂須賀家によって整備・修復されたもの。

回廊の三十三観音

DATA

住 徳島県板野郡板野町黒谷字居内28

☎ 088-672-1225

交 JR高徳線板野駅から車10分

P あり(無料)　宿坊 なし

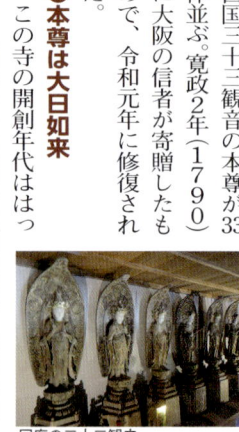

■番外霊場　大山寺（別格霊場第１番）

大山寺は阿讃山脈の大山（標高 691m）の中腹、標高 450m の山中にある。中腹の仁王門は、室町時代の作という金剛力士（仁王）像がまつられている。この仁王門から長い石段を上れば楼門形式の鐘楼門。門の中央に紐が下がっていて、これを引くと楼上の鐘が鳴る仕組みだ。

鐘楼門からさらに数段の石段を経て境内へ。本堂は江戸時代後期の建築とされている。ご本尊は千手観音。脇仏として不動明王と毘沙門天がまつられている。

● JR 高徳線板野駅からタクシー 20 分（徒歩だと約 3 時間）

イチョウの大木が境内の中心

奥の院の五百羅漢

本堂堂内に大提灯が見える

第5番札所

地《じ》蔵《ぞう》寺《じ》

無《む》尽《じん》山《ざん》　荘《しょう》厳《ごん》院《いん》

奥の院の五百羅漢は必見

■ご本尊　勝軍地蔵菩薩
■ご詠歌　六道の能化の地蔵大菩薩　みちびき給えこの世のちの世

■4番大日寺から
◆徒歩／なだらかな丘陵地帯に広がる田園地帯を行く。徳島自動車道をくぐるあたりで歩き遍路向きの細い道に入る。奥の院五百羅漢堂を経て地蔵寺へ。約2㎞、30分。
◆車／大日寺へ向かったルートを逆にたどる。2㎞、5分。
◆公共交通／このルートにはない。

●遍路を出迎える大イチョウ

仁王門を入ると、かたわらに弘法大師像、右手には鐘楼と淡島堂《あわしまどう》があり、正面にはイチョウの巨木がそびえている。樹齢800年と伝わる「たらちね銀杏」と名付けられた古木だ。このイチョウを挟んで左手が本堂、右手が大師堂、正面は納経所と、イチョウを中心に四方に建物が配置されている印象だ。

●秘仏の勝軍《しょうぐん》地蔵

本尊は八十八ヶ所には珍しい、勝軍地蔵菩薩。本堂に安置された延命地蔵像の胎内に納められた秘仏で、当然拝観はできないが、古来多くの武将に信仰されてきた歴史がある。というのも、勝軍地蔵はその名のとおり戦に勝つ、あるいは戦いの場から生還するよう守ってくれる、と信仰されてきたからだ。

勝軍地蔵は甲冑《かっちゅう》姿で軍馬に乗った姿といわれ、見慣れたお地蔵様とはかなり違うお姿。堂内に安置されたお前立を拝観できる。源平合戦の折には源義経が戦勝を祈願し、戦国時代に堂塔が焼かれたが、江戸時代に入って復興したのも蜂須賀氏ら武将の信仰が篤かったからだろう。

●一見の価値がある奥の院の五百羅漢《らかん》

本堂の裏手からだらだら坂を200mほど上ると、奥の院羅漢堂に出る。左右に翼楼《よくろう》のような建物を持たせた独特の造りで、中央に釈迦如来、向かって左に弥勒菩薩、右に弘法大師を安置し、それぞれの堂を結ぶ回廊に五百羅漢像が並べられている。

回廊に並ぶ五百羅漢は、等身大の彩色像で、薄暗い照明の下で独特の迫力を感じさせる。羅漢は釈迦の弟子として修行を極めた、人間では最も仏に近い存在。だからであろう、如来のようなうっすらとした微笑ではなく、あるものは笑い、あるものは怒り、あるものは嘆き悲しむかのような、じつに人間的な表情を見せている。そしてそれこそが、五百羅漢の魅力でもある。羅漢は最も身近な仏の世界との接点であり、居並ぶ羅漢像の中には必ず、亡くなった知人に似た顔が見つかるという。誰もが仏になれることの証しという。

DATA

住　徳島県板野郡板野町羅漢字林東5
☎　088-672-4111
交　JR高徳線板野駅から徳島バス鍛冶屋原行き羅漢下車、徒歩5分
P　あり(無料)　宿坊　なし
※奥の院羅漢堂は8～17時、無休、拝観料200円。

MAP P13

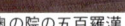

大師堂。右側の茅葺き屋根の建物は方丈

第6番札所

温《おん》泉《せん》山《ざん》 瑠《る》璃《り》光《こう》院《いん》
安《あん》楽《らく》寺《じ》

宿坊の湯で遍路の疲れを癒す

■ご本尊　薬師如来
■ご詠歌　かりの世に知行争う無益なり　安楽国の守護をのぞめよ

徳島県●発心の道場

MAP P13

■5番地蔵寺から
◆徒歩／県道と並行する遍路道を行く。住宅地の中の道で、交通量は多くなく、歩きやすい。約5・2㎞、1時間30分。
◆車／羅漢交差点から県道12号を西へ向かい、東原交差点で右折、県道139号へ。県道沿いに駐車場がある。約5㎞、10分。
◆公共交通／5番地蔵寺から徒歩5分の羅漢バス停から徳島バス鍛冶屋原線を利用、所要約10分の東原下車。

●弘法の恵みの温泉

弘仁年間（810～824）、弘法大師が薬師如来を刻んで開いたのがこの寺の始まりと伝わるが、温泉山の山号からもうかがえるように、開創には温泉にまつわる伝承がある。大師がこの地に湧いていた赤さび色の温泉を発見し、難病で苦しんでいた人々に温泉の効能を説き、さらに衆生を病の苦しみから救ってくれる薬師如来を安置したとされる。

多宝塔は平成5年（1993）の建立

この伝説の温泉地は現在の安楽寺の場所から2㎞ほど北西の山すそという。かつてはこの場所から現在地まで安楽寺の広大な寺領だったといわれる。

●緑に包まれた落ち着いた境内

山門は竜宮門。下部が漆喰塗籠で袴腰になっていて、2階は鐘楼になっている。この竜宮門の左右に独立して部屋があって、そこに金剛力士（仁王）が入るという独特の形式になっている。門をくぐると、正面に本堂が見え、左手には石の鳥居があって、弁財天がまつられている。奥には朱塗りの多宝塔《たほうとう》が見え、その奥に観音堂、本堂が建ち、本堂に向かって右手には遍照《へんじょう》閣《かく》と名付けられた大師堂が建つ。木造の古めかしい大師堂は、本堂の印象とは対照的だ。本堂には本尊の薬師如来と眷属《けんぞく》の十二神将が安置されている。

境内で目につく茅葺《かやぶ》きの建物は方丈《ほうじょう》。徳島藩主が訪れた際の御座所としても使用された建物で、登録有形文化財となっている。このお堂の存在が、境内全体に落ち着いたたたずまいを感じさせる。

DATA

住 徳島県板野郡上板町引野8
☎ 088-694-2046
交 JR高徳線板野駅から徳島バス鍛冶屋原行き東原下車、徒歩10分
P あり（無料）
宿坊 57室。和室のほか、ベッド付きの洋室もある。約80名収容可能。全体の雰囲気は宿坊というより旅館に近い。大浴場は20人くらい入れる広さ。料理は魚介類なども使った和食。本堂でのお勤めは自由参加。2食付き7900円～。素泊まりも可。

第７番札所

光明山《こうみょうざん》　蓮華院《れんげいん》
十《じゅう》楽《らく》寺《じ》

弘法大師が命名した、十の安楽が得られる寺

■ご本尊　阿弥陀如来
■ご詠歌　人間の八苦を早く離れなば　到らん方は九品十楽

壮大な印象の本堂

竜宮造の山門

大師堂は本堂から階段を上がった先に建つ

■6番安楽寺から
◆徒歩／県道に並行する旧道。くねくねと折れ曲がった道だが道なりに進むと7番十楽寺の門前に出る。約1.2km、20分。
◆車／県道139号を西へ。1.3kmほど先で7番札所の標識に従って右へUターンする方向で細い道に入ると十楽寺に着く。
◆公共交通／この区間にはない。

徳島県●発心の道場

MAP P17

●竜宮造の山門と数多くの石仏

境内入り口には下層が白い漆喰、上層は朱塗りの木造という竜宮造りの山門。上層部に梵鐘を置いて鐘楼門を兼ねた形式で、鮮やかな朱塗りが印象的だ。門を入ると目に入るのは70体ほどの石仏。これらはすべて水子地蔵。四国の札所でたくさんの水子地蔵を目にする機会はあまり多くないこともあって、カラカラと回る風車の音が、なんとも物悲しく心に響く。

●緑の山を背にした花の寺

山門の先には中門にあたる遍照殿。愛染堂と護摩堂を兼ねており、2階に上がれるようになっている。内部には愛染明王を祀った護摩壇が設けられている。愛染明王は良縁を結ぶご利益があるとされ、縁結び散華もいただける。

遍照殿から奥に進むと、堂々とした構えの本堂が建っている。本堂左手には眼病に霊験あらたかな治眼疾目救歳地蔵がある。大師堂は本堂左手の石段を上った高台にある。

境内は春の桜、初夏のフジなど、四季折々に花に彩られる。遍路の足をしばし休めて四季の彩りを満喫したい。

●八ツの苦難を逃れ、十の安楽を得る

十楽寺の寺号は、弘法大師が定めた。人間の定めである四苦八苦から離れて、極楽浄土にある十の喜びを得られるように、という思いが込められている。四苦八苦とは、生きる苦しみ、老いていく苦しみ、病の苦しみ、死にゆく苦しみ、愛するものと別れる苦しみ、憎むものと一緒になる苦しみ、求めても得られない苦しみ、そして心や体の働きによって起こる苦しみ。そうしたすべての苦しみから救われ、本尊の阿弥陀如来によって極楽へ導かれる。それが十楽寺の名の由来だ。

DATA

住　島県阿波市土成町高尾字法教田58
☎　088-695-2150
交　JR徳島駅から徳島バス鍛冶屋原行き鍛冶屋原下車、徒歩25分
P　あり（基本的に無料だが志を）
宿坊　境内に「ビジネスホテル光明館」がある。50名収容。全室バス・トイレ、液晶テレビ、冷蔵庫付き。アメニティも完備。コインランドリーや飲み物の自販機もある。朝の勤行（6時30分～7時）も体験できる（自由参加）。詳細は十楽寺HPで確認を。インターネットより、宿泊予約もできる。

■番外霊場　童学寺

JR徳島線牛島駅の南東約5kmのところにある童学寺は、弘法大師が子供のときにこの寺で学問修行に励んだという故事を伝える寺。大師がその折りに「いろは歌」を創作したという言い伝えもあって、「いろは寺」の別称もある。竜宮門から進んで正面のお堂は聖天堂で、石段は25段。その左のお堂が本堂で、石段は19段。それぞれ男女の厄年の数を表している。大師堂は聖天堂からさらに奥へ進んだところ。納経所の脇から細い通路を進むと桃山時代の築庭という庭園の逅遥園。その入口には「弘法大師お筆の加持水」が湧く。弘法大師が墨をする水を求めたところ涌き出したという霊泉で、この水で書に励めば筆達者になるとか、飲めば諸病平癒などといわれ、水を汲みに来る人も少なくない。

●JR徳島本線石井駅からタクシー10分(徒歩だと約40分)

第8番札所

熊《くま》谷《だに》寺《じ》

普《ふ》明《みょう》山《ざん》 真《しん》光《こう》院《いん》

歴史を刻む堂宇が点在する

■ご本尊 千手観音菩薩

■ご詠歌 薪とり水くま谷の寺にきて 難行するも後の世のため

本堂と鐘楼、階段を上った上に大師堂がある

徳島県●発心の道場

MAP P17

■7番十楽寺から

◆徒歩／県道139号や徳島自動車道に沿った遍路道（舗装路）を行く。熊谷寺の直前で徳島自動車道をくぐると、山門の先までは未舗装の農道となる。4・2㎞、約1時間10分。

◆車／県道139号を利用。約4㎞、10分。

◆公共交通／この区間にはない。

●重厚な仁王門に圧倒される

7番十楽寺から歩いてくると、徳島自動車道をくぐった先に熊谷寺の仁王門が見える。仁王門はなだらかな坂道の参道の途中に建ち、春には参道を彩る桜並木が美しい。この門は貞享4年（1687）の建立。楼門《ろうもん》形式の仁王門で、高さ13・2mの雄大な建造物だ。四国霊場では数少ない17世紀の建造物である。門内に安置された金剛力士像は、真っ赤な体が印象的だ。

仁王門をくぐると参道は車道を横切り、その先に駐車場がある。車利用の遍路はこの駐車場へ直接来てしまうことになるのだが、できればいったん引き返して雄大な仁王門を目にしてから境内を参拝したい。

駐車場の先には多宝塔《たほうとう》がある。多宝塔としてはかなり大きな部類になると思われるが、バランスの取れた均整な姿は、凛《りん》とした美しささえ感じさせてくれる。この多宝塔は安永3年（1774）の建立という。

多宝塔からさらに進むと中門《ちゅうもん》。持国天《じこくてん》と多聞天が安置された二天門で、簡素な建築だが、江戸時代初期、慶安4年（1651）の建立という。中門から石段を上がると正面に本堂、左手に鐘楼《しょうろう》、本堂と鐘楼の間の石段を上ると大師堂がある。高台の大師堂からはゆったりと流れる吉野川の様子や徳島平野を一望できる。

多宝塔は江戸時代初期の建立

●熊野修験とのかかわりが寺の起源

寺伝によれば、この寺の奥にある閼伽《あか》ヶ谷で修行をしていた弘法大師のもとに、熊野権現が現れて観音菩薩を授けた。この観音菩薩を胎内仏として大師が千手観音像を彫り、堂を建てたのが始まりという。熊野信仰を背景にした寺ということは、熊谷寺という寺号はもちろん、ご詠歌からもうかがえる。ご詠歌に詠まれた「薪とり」や「水をくみ」に来た人物は熊野の修験者だろう。

八十八ヶ所には、熊野信仰との関連を思わせる札所がいくつかある。神仏混交の時代には、四国霊場も熊野神社も神仏のおわすところとして人々に信仰されていたのだろう。

DATA

- 住 徳島県阿波市土成町字前田185
- ☎ 088-695-2065
- 交 JR徳島線鴨島駅から車15分。または同駅から徒歩約2時間。
- P あり（寸志）
- 宿坊 なし

第9番札所

正覚山《しょうかくざん》 菩提院《ぼだいいん》 法輪寺《ほうりんじ》

八十八ケ所で唯一、涅槃仏がご本尊

■ご本尊　涅槃釈迦如来

■ご詠歌　大乗のひほうもとがもひるがえし　転法輪の縁とこそきけ

楼門形式の山門は鐘楼門でもある

■8番熊谷寺から

◆徒歩／参道を引き返す方向で歩く。阿波市土成支所の先からは農村風景の中の舗装道を歩く。「四国のみち」の案内標識が随所にある。2・3㎞、40分。

◆車／県道139号を利用。ルートの多くは歩き遍路と同じ道を走る。約2.5㎞、5分。

◆公共交通／この区間にはない。

●田んぼに囲まれた札所の森

法輪寺はのどかな農村風景のなかの古刹だ。8番札所から向かうと、法輪寺は広がる田んぼのなかにこんもりと茂った森として見える。周辺には人家も少なく、道には人影が少ない。

この寺はかつて現在地から北側にあったという。弘法大師が仏の使いの白蛇と出会って開いた寺ということで、白蛇山法淋寺と称していたというが、戦国時代、長宗我部元親《ちょうそかべもとちか》の兵火に遭い、建物などのほとんどを失った。現在地に復興されたのは正保年間（1644～1648）。このときに現在の寺名に改められた。

落ち着いたたたずまいの本堂

現在地に移転後も火災に遭っており、現在見られる堂宇は明治期の再建。

●弘法大師作と伝わる釈迦涅槃《ねはん》像

法輪寺のご本尊は、像長80㎝ほどの涅槃釈迦如来像。お釈迦さまは80歳のときに沙羅双樹《さらそうじゅ》の木の下で亡くなった（入滅《にゅうめつ》）といわれるが、涅槃像はこのときのお釈迦さまの姿。右脇を体の下にして、頭を北にして横たわった状態の釈迦如来像だ。何度かの火災にも運び出されるなどして被害を免れたという。この像は秘仏だが、毎年2月15日に開帳を行っている。

●庭園がある境内

境内は築地塀で囲まれ、鐘楼門となっている山門には「正覚山」の扁額《へんがく》。山門をくぐると、砂を敷き詰めた庭を突っ切るように石畳の参道が延びる。正面には本堂、そして回廊続きで右手に大師堂。初夏にはツツジが美しく咲く。

この寺にはその昔、足が不自由な遍路が法輪寺の境内に入ると不思議と足が軽くなり、杖なしで歩けるようになったという伝承があり、健脚祈願のお寺として知られる。納経所ではわらじをかたどった「健脚御守」を頒布している。

山門前の遍路

DATA

住　徳島県阿波市土成町土成字田中198-2

☎　088-695-2080

交　JR徳島線鴨島駅から徒歩約1時間30分、または車15分。

P　あり（無料）　宿坊　なし

MAP P17

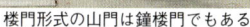

第10番札所

機織娘の伝説が伝わる

得度山《とくどざん》 灌頂院《かんじょういん》

切幡寺《きりはたじ》

■ご本尊　千手観世音菩薩
■ご詠歌　欲心をただ一すじに切幡寺　後の世までの障りとぞなる

重要文化財の大塔

■9番法輪寺から
◆徒歩／法輪寺の南側の道を西へ。道標に従いながら何度か右左折を繰り返していくと、巡礼用品の店などが並ぶ切幡寺の参道に着く。約3・7㎞、1時間。
◆車／徒歩ルートと同じ道を行く。
◆公共交通／この区間にはない。

MAP P21

●遍路が最初に出会う山寺

1番札所から巡拝を始めた遍路にとって、この寺は最初に出会う山寺。巡礼用品などの店が並ぶなだらかな坂道の参道を上り、山門をくぐると延々と続く急勾配の石段が遍路を出迎えるのだ。石段は99段上ると右に向きを変え、さらに159段上ると小休止。その先には男女の厄年に合わせて33段の女厄除坂、42段の男厄除坂が続き、ようやく本堂や大師堂の前に出る。合計333段の石段は、この先あちこちで遍路が体験するさまざまな難所のプロローグといったところだろうか。

●伝説に彩られたはたきり観音

伝承では、弘法大師がこの地を訪れたとき、山麓で機織りの娘に出会った。このとき大師はほころびた僧衣をつくろうために布きれを求めたところ、娘は織りかけていた布を惜しげもなく切って大師に差し出した。貧しい娘のこの行為に大師は感謝して、娘の望みを尋ねた。「亡き父母の菩提を弔いたい」という娘に、大師は一夜で観音菩薩像を彫り上げ、娘に得度灌頂《とくどかんじょう》（僧になること、またその儀式）を授けた。すると娘は生きたまま仏と化し、観音菩薩に姿を変えたという。そんな伝承を伝えるべく、本堂のかたわらには織物を手にした姿の「はたきり観音」が建てられている。

布を手にした
はたきり観音

●重要文化財の大塔

本堂や大師堂の建つエリアから、さらに石段が続いている。本堂の脇から56段上ると不動堂、さらに56段上ると重文の大塔。もともとは大阪の住吉大社神宮寺に建てられていた塔で、明治の神仏分離で取り壊されそうになり、ここへ移された。慶長12年（1607）豊臣秀頼が徳川家康のすすめにより、豊臣秀吉の菩提をとむらうため建立したという歴史的建造物だ。二層の塔だが、よくある多宝塔とは異なり、上層階・下層階ともに方形となっている。独特の形式の塔で、建築史的にも貴重な存在だ。

DATA

住 徳島県阿波市市場町切幡字観音129
☎ 0883-36-3010
交 JR徳島線鴨島駅から車で20分。
P あり(無料)
宿坊 なし

10番
切幡寺
12番
焼山寺
0 1 2km
8番 熊谷寺から
徳島自動車道
9番
法輪寺
変電所
ビジネスホテル八幡
粟島神社
阿波中央橋
大野島橋
吉野川
ゲストハウス チャンネルカン
セントラルホテル鴨島
にしおえ
かもじま
おえづか
三笠屋旅館
交番
川の増水時には水没する潜水橋で、手すりの類がない
川島橋
川島神社
GS
県道240号
田中屋カーサービス
がく
あわかわしま
11番
藤井寺
寺の西側の細い道を行くとすぐに急坂の山道になる
端山休憩所
長戸庵
森林地を行く気持ちのいいハイキングコース
森の中に小さなお堂があるだけ
見晴らしのいい尾根歩き
WC
柳水庵
県道31号
一本杉庵
アップダウンの多い山道。藤井寺～焼山寺は約13km、徒歩8時間くらい
柳水庵から焼山寺まで徒歩3時間30分くらい
杉木立の中の道。急な坂を下ると舗装道路に出る
植村旅館
moja house
13番 大日寺へ
焼山寺まで急坂の上り
12番
焼山寺
千年乃宿 旧高木邸
湯の里 道の駅 神山
神山中
県道43号
寄井中
神山温泉前
神山高校前
さくらや旅館
神山町役場
神山温泉ホテル四季の里＆いやしの湯

フジの花が美しい境内

長い歴史を感じさせる山門

第11番札所

金剛山《こんごうざん》 藤井寺《ふじいでら》

弘法大師が藤の花を植えたことが名の由来

■ご本尊　薬師如来
■ご詠歌　色も香も無比中道の藤井寺
真如の波のたたぬ日もなし

MAP P21

■10番切幡寺から
◆徒歩／参道を下って道なりに南下。八幡の集落を粟島神社前で抜け、吉野川支流に架かる大野島橋、吉野川本流の川島橋を渡り、県道240号へ。田中屋カーサービスで右折、道標にしたがって道なりに進む。約9・2㎞、2時間30分。
◆車／9番法輪寺方向に戻って二条中から阿波中央橋を渡って鴨島方面から向かうルートがわかりやすい。駐車場は11番門前のふじや旅館を利用（有料）。約12㎞、30分。
◆公共交通／この区間にはない。

●境内を彩るフジの花

三方を低い山並みに囲まれた谷の奥に建つ藤井寺。古びた雰囲気の仁王門をくぐると、まず目に入るのは大きな藤棚。ご詠歌にも歌われた、寺の名前の由来ともなったフジの古木がある。初夏には紫のノダフジ、赤紫のレンゲフジなど五色のフジが境内を彩る。伝承では弘法大師が17日間の修法の後、自ら刻んだ薬師如来像を祀る堂の前にフジの苗木を植えたものという。

●四国霊場最古の仏像

その後、寺は真言密教の道場として栄えたが、天正年間（1573～1592）に長宗我部元《ちょうそかべもと》親《ちか》の兵火に遭い、その後、臨済宗の寺院として復興。天保3年（1832）に再度火災に遭うが、いずれの火災の際も守られてきたのが、現在の本尊の薬師如来坐像である。この仏像は胎内の墨書から久安4年（1148）の作とされている。国の重要文化財に指定された仏像で、四国八十八ヶ所では最古の仏像ということになる。

この仏像は、もとは釈迦如来だったらしい。しかし伝承では弘法大師が刻んだ仏像が薬師如来であったことから、後年改修され、左手に薬壺を持たせた薬師如来に作り変えられたというのだ。こうした仏像の来歴も変わっている（秘仏で拝観はできない）。

現在の本堂は昭和53年（1978）に改修されたもの

●天井絵には迫力の雲龍図

本堂に参拝するときには、天井にも注目したい。堂内には入れないので入り口のところから仰ぎ見ることになるが、外陣の天井一面に描かれた雲龍図がみごとなまでの迫力である。また、本堂内陣を見ると、薬師如来坐像のほか、日光・月光の両菩薩の立像が拝観できる。

DATA
住　徳島県吉野川市鴨島町飯尾1525
☎　0883-24-2384
交　JR徳島線鴨島駅から車で10分(徒歩45分)
P　近くに民営あり(有料)
宿坊　なし

第12番札所

樹齢300年の杉木立に囲まれた山寺

摩《ま》廬《ろ》山《ざん》 性《しょう》寿《じゅ》院《いん》

焼《しょう》山《さん》寺《じ》

■ご本尊 虚空蔵菩薩

■ご詠歌 のちの世を思えばくぎょう焼山寺 死出や三途の難所ありとも

杉木立に囲まれて建つ仁王門

山寺らしい雰囲気の参道

■11番藤井寺から

◆徒歩／歩き遍路にとって最初の難所がこの区間だ。藤井寺の裏手の山道を登って行く。途中には見晴らしのいい瑞山休憩所、弘法大師が小休止したという長戸庵、水場のある柳水庵、弘法大師像がある一本杉庵などの小寺がある。焼山寺の手前で左右内集落を通るほかはほとんどが山道。約12・7km、8時間。1日がかりになることを覚悟して、前日は11番藤井寺周辺や鴨島駅付近などに宿泊することをおすすめする。

◆車／県道31号から神山集落経由で向かう。約34km、1時間20分。駐車場から仁王門までは平坦な道で徒歩10分。

◆公共交通／JR鴨島駅まで戻り、徳島線30分徳島駅下車、徳島駅からはデータ欄記載の交通手段で焼山寺へ。

●遍路ころがしの難所

四国霊場のなかには、あえて険しい難所になっているところがある。札所を回って歩くのもまた修行、との考え方によるものだ。こうした難所のことを「遍路ころがし」と呼ぶが、標高938mの焼山の8合目付近にある焼山寺は、1番札所から歩き始めると最初に出会う遍路ころがしの寺となる。11番藤井寺からここまでは、急坂の山道を登って下り、登って下りと繰り返したその先の山の上、13kmほどの距離で、健脚者でも6時間以上はかかる道のりだ。

●杉木立がすがすがしい

山門付近から参道沿いに数十本が天をつくように伸びるさまは見る者を圧倒する。その並木道を進んでいくと左手に納経所。さらに石段を上がった先に本堂や三面大黒天堂、鐘楼などが建つ。境内は朝晩など霧が立ち込めることが多く、幽玄の雰囲気が漂う。

●弘法大師ゆかりの修験の地

ここは修験道の祖といわれる役小角《えんのおづぬ》が開き、その後弘法大師がこの地で修業をしたと伝えられる。大師がこの地を訪ねたとき、山には魔物の大蛇がいて、全山火の海のような幻影を見せたという。大師が印を結んで祈ると炎の幻影は消えた。そこへ虚空蔵菩薩《こくぞうぼさつ》が現れ、大蛇を岩窟に封印した。大師は岩の上に三面大黒天《さんめんだいこくてん》を刻み、虚空蔵菩薩を本尊としてこの寺を建立したという。焼山という寺号はこの故事による。

本堂と三面大黒天堂が並んで建つ

DATA

住 徳島県名西郡神山町下分字地中318

☎ 088-677-0112

交 JR徳島駅から徳島バス神山線1時間10分神山高校前下車、徒歩2時間30分。なお、神山高校前のひとつ手前の寄井中で下車すると、神山町役場近くにタクシー会社（寄井観光）があるので、タクシーを利用することも可能。

P あり（道路維持費として有料）

宿坊 あり（事前に要問合せ）

第13番札所

大日寺《だいにちじ》

大栗山《おおぐりざん》 華蔵院《けぞういん》

神仏混交の名残を伝える一ノ宮別当寺

■**ご本尊** 十一面観世音菩薩

■**ご詠歌** 阿波の国一の宮とはゆうだすき かけてたのめやこの世後の世

本堂

境内のしあわせ観音

大師堂

徳島県●発心の道場

MAP P25

■12番焼山寺から
◆徒歩／山門から山道を下り、左右内川に架かる鍋岩橋を渡って県道43号線へ。ここから左右内川に沿った道を神山集落へ。ここからは鮎喰川に沿った道を道なりに進む。大半が舗装路。約22km、8時間。
◆車／徒歩ルートとほぼ同じ。約1時間。
◆公共交通／徒歩ルートと同じ道を歩いて神山町の集落へ。ここまで約7km、約2時間。神山町内の神山高校前バス停から徳島バス神山線に乗り換え40分、一の宮札所前下車。

●川沿いに建つ古刹

鮎喰川《あくいがわ》のほとりに建つ境内に入ると、正面に合掌の形をしたモニュメントがあり、その掌中に観音像が安置されている。これは掌の「しわ」と「しわ」を合わせた「しあわせ観音」。幸せを祈願していくお遍路さんは後をたたない。

境内は落ち着いたたたずまいで、山深い12番の焼山寺から人里へ下りてきたことを実感させる、そんなほっとさせる雰囲気がある。

●一宮神社の別当寺《べっとうじ》

大日寺はもともと一宮神社の別当寺だった。別当寺とは、規模の大きな神社の境内にあり、神社の事務を統括する寺院。江戸時代以前は神仏混交だったから、このように神社に同居する寺院はさほど珍しい存在ではなかった。現在も道路を挟んだ向かい側には、一宮神社があり、ご詠歌に歌われた広い境内が広がっている。

●本尊は十一面観音

縁起によると大日寺は、弘法大師の護摩修法《ごましゅほう》中に現れた大日如来を本尊として建てられた寺。しかし現在、この寺のご本尊は十一面観音である。

神仏習合《しんぶつしゅうごう》時代の本地垂迹《ほんちすいじゃく》という考え方に基づけば、神社に祀られた神々は、本来は仏であり、仏が衆生《しゅじょう》を救うために神の姿に変化して現われた、とされる。一宮神社の神も本来は仏とされ、ここでは神社が12番札所となっていた。

しかし明治の神仏分離で神社が札所ではなくなり、大日寺が13番札所になった。一宮神社の本持仏（神社の祭神の本来の姿である仏）だった十一面観音は、札所としての大日寺の新しいご本尊となり、大日寺のもともとの本尊だった大日如来は、新本尊となった観音菩薩の脇仏となった。

ちなみに、如来とは悟りを開いた存在、菩薩は悟りを目指して修行中の存在。つまり、如来のほうが格上の存在となるので、大日如来が観音菩薩の脇仏としたがうのは珍しい。

DATA

住 徳島県徳島市一宮町西丁263
☎ 088-644-0069
交 JR徳島駅から徳島バス神山線30分一の宮札所前下車
P あり（無料）
宿坊 休業中

●番外霊場　慈眼寺

14番札所常楽寺の奥の院。宝形造の本堂には「四国14番奥之院慈眼寺」の札が架かる。本尊は十一面観音で、子安観音と呼ばれ、安産祈願に訪れる人も多い。本堂の東側にある生木地蔵堂は、ヒノキの巨木に直接彫ったという地蔵菩薩。昭和29年（1954）に台風でヒノキが倒れたが、仏像は被害を免れた。

● 14番札所常楽寺から徒歩5分。

境内は荒々しい岩肌が印象的

アララギの巨木が目を引く

第14番札所

盛《せい》寿《じゅ》山《ざん》 延《えん》命《めい》院《いん》

常《じょう》楽《らく》寺《じ》

四国霊場唯一の弥勒菩薩のお寺

■ご本尊　弥勒菩薩

■ご詠歌　常楽の岸にはいつか至らまし　弘誓の船に乗りおくれずば

■13番大日寺から

◆徒歩／鮎喰川沿いの道に出て、一宮橋を渡る。道標に従いながら田園地帯を進むと、城郭を思わせる石垣が見えてくる。これが常楽寺。2・4㎞、40分。

◆車／県道21号経由で一宮橋を渡り、バス停常楽寺前から常楽寺へ入ると道が広くて運転しやすい。約3㎞、5分。

◆公共交通／バス停一の宮札所前から徳島バス延命経由徳島駅前行き5分常楽寺前下車、徒歩5分。バスの運行時刻によっては歩いたほうが早い。

徳島県●発心の道場

MAP P25

●豪快にして美しい流水岩《りゅうすいいわ》の庭

常楽寺は徳島市郊外の小高い丘の上に建つ寺。放生池のほとりから50段ほどの石段を上って境内に向かう。山門はなく、石柱の門が建てられている。そして境内。驚かされるのは、そのたたずまいだ。あたり一面にゴツゴツとした巨大な岩盤がまるで波打つように広がり、ダイナミックで荒々しい景観を見せている。参道は整備されているが、一部岩盤の上を歩く部分があり、デコボコとして歩きにくいほどだ。ここに上がってくる石段も、岩盤を削って段をつけたもので、石材を並べたものではなかった。この巨大な岩盤の上に、本堂や大師堂も建てられている。大自然の驚異を実感させてくれる眺めだ。

この天然の岩盤は、独特の岩肌模様を描き、渓流を思わせる水の流れのような美しさ。このため、ここは「流水岩の庭園」の名でも呼ばれている。この岩盤を庭園として眺めてみると、手前に流水岩、奥に本堂や大師堂などの堂宇、そして本堂の前で景観に彩りを添えるアララギの巨木という境内の配置は、スケールの大きな盆景のように見えなくもない。

●眼病に霊験あらたかというあららぎ大師

本堂の前で建物を覆うようにそびえるアララギの巨木は、弘法大師が挿し木をしたものが育ったといわれている。「あららぎ大師」の標識が立てられており、枝分かれした木の又に大師像が置かれている。一心に祈れば眼病をはじめ諸病快癒にご利益があるという。

●秘仏の本尊は弥勒菩薩《みろくぼさつ》

ここは修行中の弘法大師の前に弥勒菩薩が姿を現したとされる場所で、このとき大師が霊木に刻んだ弥勒菩薩の姿を本尊としている。秘仏で拝観はできないが、四国八十八ヶ所で唯一の、弥勒菩薩を本尊とする寺院だ。弥勒菩薩は釈迦の入滅《にゅうめつ》後56億7000万年の後に現れて衆生を救済するといわれる未来仏。釈迦の代わりを努め、釈迦の救済からもれた者を救ってくれるという。

DATA

住 徳島県徳島市国府町延命606
☎ 088-642-0471
交 JR徳島駅から徳島バス神山線（延命経由）20分常楽寺前下車、徒歩5分
P あり（無料）　宿坊 なし

第15番札所

薬《や》王《おう》山《ざん》 金《こん》色《じき》院《いん》
國《こく》分《ぶん》寺《じ》

奈良時代の遺跡が歴史を語る

■ご本尊 薬師如来

■ご詠歌 薄く濃くわけわけ色を染めぬれば 流転生死の秋のもみじ葉

重層入母屋造の堂々とした本堂

■14番常楽寺から

◆徒歩／田園風景が広がる中の住宅地を抜けていく一本道。８００m、15分。

◆車／徒歩ルートと同じ道。２～３分。

◆公共交通／路線バスが利用できるが、バスの運行時刻によっては歩いたほうが早い。

●5ヶ所参りの札所

13番札所から17番札所までは、札所がすべて徳島市内にあり、徒歩でも1日で5ヶ所を楽にめぐれることから「5ヶ所参り」と呼ばれている。14番の常楽寺から15番のここ國分寺まではわずか８００m。ゆっくり歩いても、15分も歩けば到着できる。

●天平の甍《いらか》は今

國分寺は天平13年（７４１）に聖武天皇の勅命によって全国66ヶ所に建立した国分寺のひとつで、国家鎮護の祈願所となっていた。七重塔をはじめ数多くの堂宇を備えた広大な寺院だったという。しかし、寺勢はやがて衰退し、戦国時代に戦火に遭って堂塔はことごとく失われた。

境内にはかつて建てられていた天平時代の国分寺の遺跡が点在している。鐘楼のかたわらにある七重塔の塔芯礎は、近くの水田から発掘され、ここに運ばれてきたものという。境内は阿波国分寺跡として徳島県の史跡に指定されている。

石組で構成された庭園

●堂々たる建物の本堂

ここ國分寺の堂宇は田園風景のなかでもひときわ目を引く。本瓦葺きのどっしりとした山門をくぐると、正面に本堂、左手に鐘楼、右手に大師堂が建つ。現在の本堂は江戸時代後期の再建。裳階のある重層入母屋《いりもや》造りの建物は、一見すると二階建てにも見える。堂々とそびえるさまは、大寺院だった昔日の面影を伝えるかのようで、訪れる者を圧倒する。

●国指定の名勝庭園

本堂の横には、江戸時代後期に大改修された庭園が広がり、約１９００㎡の豪快な石組みを見ることができる。昭和期を代表する作庭家の重森三玲にも影響を与えたといわれる庭園だ。拝観料３００円。

DATA

住 徳島県徳島市国府町矢野718-1
☎ 088-642-0525
交 JR徳島駅から徳島バス神山線（延命経由）25分国分寺前下車、徒歩10分
P あり（無料） 宿坊 なし

MAP P25

第16番札所

観音寺《かんおんじ》

光耀山《こうようざん》 千手院《せんじゅいん》

昔日を伝える町にたたずむ古刹

■ご本尊　千手観世音菩薩

■ご詠歌　忘れずも導き給え観音寺　西方世界弥陀の浄土へ

山門（右）のすぐ先に本堂

MAP P25

■15番國分寺から

◆徒歩／田園風景のなかの道をしばらく進み、古い町並みに入っていくと、町並みのなかに堂々とそびえる観音寺の楼門が見える。1.8㎞、25分。

◆車／徒歩と同じルート。5分。

◆公共交通／徒歩10分の国分寺前バス停から徳島バス徳島駅前行き3分中村下車、徒歩10分。バスの運行時刻によっては歩いたほうが早い。

●歴史の面影を伝える

観音寺は徳島市国府《こくふ》町にある。地名から想像されるように、このあたり一帯は奈良時代に国府が置かれ、阿波《あわ》国の政治・文化の中心として栄えたところ。15番札所となった國分寺もそうした背景があって建てられた。そしてこの寺も國分寺と同じように、聖武天皇の勅願所《ちょくがんしょ》として天平13年（741）に創建されたといわれている。阿波の国府に國分寺と並んで甍《いらか》をそびえさせていたであろう、長い歴史を伝える寺なのだ。

●古い町並みにそびえる山門

観音寺の境内はこぢんまりとしている。しかし、県道に面した山門は、風格を感じさせる二層の楼門《ろうもん》で、閑静な住宅地にあって目を引き、隆盛を誇ったであろう往時をしのばせている。この楼門をはじめ現在の堂塔の多くは、戦国時代に兵火に遭って焼失した後、万治２年（1659）に再建されたものだ。

境内はさほど広くはなく、楼門をくぐるとすぐ正面に本堂。素木《しらき》の建物だが、向拝《こうはい》の蟇股《かえるまた》に施された龍の彫刻の部分だけきれいに彩色されていてとても印象的だ。

大師堂は本堂に向かって右。本堂と大師堂の間には、阿波国の総社でもある、八幡総社両神社。参拝すれば阿波国のすべての神社に参拝したのと同じ功徳が得られるという。ほか、子どもの夜泣きを鎮めてくれる「夜泣き地蔵」もある。

●炎に包まれた女性の伝承

その昔、この寺で雨宿りをしていた女性の遍路が、濡れた着物を焚き火で乾かしていたところ、火が燃え移り大火傷を負ったという。実はこの女性、姑との折り合いが悪く、姑を柱に縛り付けて火のついた薪《まき》で殴るなどしたことがあったという。この話を因果応報といってしまうことは簡単だが、それだけではない何かが感じられる。その何かを感じることが八十八ヶ所めぐりだ、と思わせてくれるエピソードである。

大師堂

DATA

住 徳島県徳島市国府町観音寺49-2

☎ 088-642-2375

交 JR徳島駅から徳島バス鴨島線下り25分観音寺北下車、徒歩5分

P あり(無料)　宿坊 なし

MAP P25

第17番札所

井《い》戸《ど》寺《じ》

瑠《る》璃《り》山《ざん》 真《しん》福《ぷく》院《いん》

弘法大師が掘った井戸が寺号となった

■ご本尊 七仏薬師如来

■ご詠歌 おもかげを映してみれば井戸の水 むすべば胸の垢やおちなむ

もとは藩主の屋敷門だった朱塗りの仁王門

■16番観音寺から

◆徒歩/観音寺門前の集落を東へ向かい、大御和神社の先を左折、国道を渡って府中駅の近くを進み、徳島線の踏切を渡る。田園風景の中をしばし歩き、標識にしたがって細い道に入る。舗装路で、車両の通行も少なくはない。2・8㎞、45分。

◆車/徒歩ルートと同じ道。5分。

◆公共交通/路線バスを乗り継いで行くことができなくはないが、かなり遠回りなので、歩くほうが早い。

●朱塗りの仁王門

徳島市郊外の田園地帯に、堂々とした趣を漂わせて建つ。驚かされるのは巨大な朱塗りの仁王門。これほど間口が広く取られた仁王門は四国札所でも他に類を見ないほどだ。この門は徳島藩主の蜂須賀《はちすか》氏の別邸に使われていた長屋門を改装して移築したといわれるもので、その壮大さは大名屋敷の門にふさわしい。仁王像2体は2mの巨体で、国の重要文化財に指定されている。

●今も枯れない大師の掘った井戸

この寺は天武天皇が白鳳2年(674)に建立した妙照寺《みょうしょうじ》が前身。後年に弘法大師がこの寺を訪れたとき、周辺の住民がこの土地の水の悪さを嘆いていたため、これを聞いた大師が錫杖《しゃくじょう》で地面をついて清水を湧き立たせたという。この故事から寺号は井戸寺と改められた。境内にはこの由来を伝える井戸がある。本堂の脇、日限大師堂の中にある井戸がそれだ。井戸は今も清冽な水を湧き出させており、大師ゆかりの霊水を持ち帰ることができる。近所の人などが水を汲みに来る姿をしばしば見かける。

井戸がある日限《ひぎり》大師堂では、日を限っての願い事は必ずかなうと信じられ、参拝する人が多い。井戸をのぞいて見て自分の姿が映れば満願成就、映らなければ願いはかなわないとか、不幸が訪れるなどといわれ、様々な説があるが定かではない。

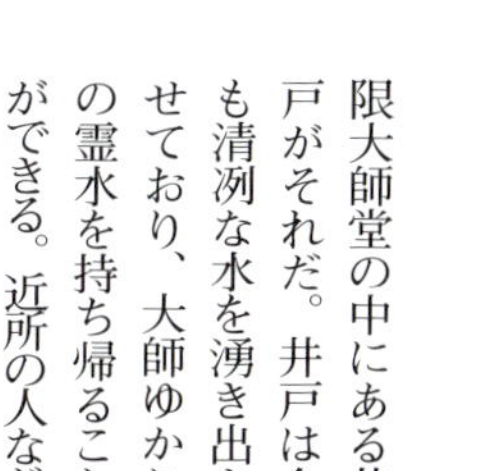
弘法大師ゆかりの井戸

●本尊は七仏薬師《しちぶつやくし》如来

鉄筋の本堂は昭和43年(1968)に火災に遭った後に再建されたもの。火災から免れた仏像のうち、弘法大師作といわれる十一面観音像は平安時代の作。錫杖を持った姿の観音像で、国の重要文化財。

本尊は七仏薬師如来。薬師如来像を主体にして、光背に七尊をしるしたもの。天台系の教えにある仏で、真言宗寺院で本尊とするのは珍しい。

DATA

住 徳島県徳島市国府町井戸北屋敷80-1
☎ 088-642-1324
交 JR徳島駅から徳島バス日開経由竜王団地行き20分井戸寺口下車すぐ。またはJR徳島線府中駅から徒歩25分
P あり(無料) 宿坊 なし

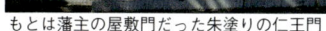

第18番札所

母養山《ぼようざん》 宝樹院《ほうじゅいん》 恩山寺《おんざんじ》

弘法大師の母堂ゆかりの名刹

■ご本尊 薬師如来

■ご詠歌 子をうめるその父母の恩山寺 訪らひがたきことはあらじな

本堂へ上る石段から御母公堂と大師堂の甍が見える

石段を上ると本堂

■17番井戸寺から

◆徒歩／徳島の市街地を歩く。平坦な道だが全体的に交通量が多く、後半は延々と国道を歩くこととなる。山道を行く昔ながらの難所とは違った意味でつらい道だ。18㎞、約5時㎞間30分。

◆車／国道192号を利用して徳島市中心部へ向かい、さらに国道55号を南下する。約19・5㎞、45分。

◆公共交通／井戸寺口バス停から徳島バス徳島駅前行き20分徳島駅下車。徳島駅からはデータ欄記述のバスで恩山寺へ。また、井戸寺から徒歩25分の府中(こう)駅からJR徳島線・JR牟岐線を乗り継ぎ(最短で約40分)南小松島駅へ。南小松島駅から恩山寺へ徒歩40分。

MAP P31

●弘法大師とその母の伝説

母養山恩山寺。この名称は、弘法大師の、母への思いを表わしたものである。

その昔、弘法大師がこの寺で修行中、母の玉依御前《たまよりごぜん》が讃岐からはるばる訪ねてきた。しかし当時この寺は女人禁制。そのため、大師は7日間にわたる女人解禁の秘法を修め、御前を境内に招き入れ、孝行を尽くしたという。玉依御前はここで剃髪《ていはつ》して出家した。

●弘法大師お手植えのビランジュ

小松島湾を見下ろす小高い丘の中腹にある恩山寺。恩山寺前のバス停からなだらかな坂を上って行くと、朱塗りの太鼓橋の脇にビランジュの巨木がある。母君を招き入れた記念に弘法大師がお手植えしたものといい、徳島県の天然記念物に指定されている。

●玉依御前のお堂

さらに参道を進み、石段を上って境内へ入ると、右手に地蔵堂堂、左手には大師堂があり、大師堂のかたわらには玉依御前を祀った御母公堂《ごぼうこうどう》が建っている。御母公堂は玉依御前の剃髪所だったとされるところで、御前の髪が納められている。弘法大師の母君を祀るお堂は四国でも珍しい。

うっそうと茂るシイやカシの森に囲まれた境内には樹齢300年というイチョウの巨木や、南国らしさをかもし出すソテツの植え込みなどもあり、また初夏にはアジサイが斜面を彩る。

そんな木々を見ながらさらに石段を上っていくと、高台に本堂が建つ。本尊の薬師如来像は秘仏。行基の作で、厄除けの霊験あらたかと伝わる。

弘法大師お手植えというビランジュの巨木

大師堂と御母公堂

DATA

住 徳島県小松島市田野町字恩山寺谷40
☎ 0885-33-1218
交 JR徳島駅から徳島バス立江線45分恩山寺前下車、徒歩10分
P あり(無料) 宿坊 なし

18番 恩山寺 → 19番 立江寺

■番外霊場　慈眼寺

四国別格霊場３番札所。標高560mの山あいにあり、駐車場から急な坂道を登ると、正面に大師堂、左手に不動堂があり、大師堂の脇に納経所がある。本堂はさらに山道を500mあまり登らなければならない。

この霊場の最大の特徴は「穴禅定」。弘法大師が修行中に現れた悪龍を法力で封じ込んでそこに十一面観音を刻んだとされる洞窟だ。現在は行場となっており、洞窟の再奥部まで先達の案内で入洞できる。ただし、この行程は修行そのもの。洞内はきわめて狭く、歩くのではなく時には腹ばいになり、穴をくぐり、岩の隙間に体を押し込んでいくような印象。こうした洞窟を、手に持ったロウソクの明かりだけを頼りに進む。100mの洞内を進むのに１時間以上かかることも。ようやく外へ出られたときの開放感と喜びはほかでは体験できない。

●徳島本線徳島駅から徳島バス勝浦線１時間の横瀬西下車、タクシーに乗り換え30分。または牟岐線南小松島駅からタクシー１時間15分。

恩山寺大師像

第19番札所

橋《きょう》池《ち》山《ざん》 摩《ま》尼《に》院《いん》 立《たつ》江《え》寺《じ》

門前町の家並みの奥に伽藍が見える

■ご本尊 延命地蔵菩薩
■ご詠歌 いつかさて西の住居のわが立江
弘誓の舟にのりていたらむ

楼門形式の堂々とした仁王門

多宝塔が印象的な境内

伝説の黒髪堂

MAP P31

■18番恩山寺から
◆徒歩／門前の民宿ちばの手前で竹林の中を行く未舗装の道へ。この道は屋島の合戦に向かう源義経が兵を進めた道といわれている。やがて舗装路に出たら道なりに進む。なだらかな丘陵地帯の道。番外札所のお京塚を過ぎると立江寺付近の集落だ。4・1km、約1時間。
◆車／バス停恩山寺前まで戻り、バス道路を行く。約4・2km、10分。
◆公共交通／バス停恩山寺前から徳島バス7分立江小学校前下車、徒歩3分。

●阿波の関所寺《せきしょでら》

立江寺は阿波の関所寺と呼ばれている。関所寺は四国八十八ヶ所に4つあり、よこしまな心を持った人や、心がけの悪い人は弘法大師の咎めを受け、その寺から先へは進めなくなる、というもの。いってみれば巡拝をする遍路が自らの行いを見つめ直し、自己反省をする場ということだろう。

立江寺には関所寺としての伝承として、夫殺しのお京の話が伝わっている。お京は不義密通の男と謀って夫を殺した後、遍路ならば取り調べもゆるやかなはず、と四国遍路の旅に出た。しかしこの寺までやってきたところで髪の毛が鰐口《わにぐち》の緒に巻きついて取れなくなり、ついには髪の毛と頭皮をむしりとられてしまった、という。このお京さんは髪の毛を失った後、寺の近くで庵を結んで仏道に精進して生涯を終えた。それが18番恩山寺からここへの道すがらにあった番外札所のお京塚だ。

境内には黒髪堂があり、お京の髪といわれる黒髪が納められている。

●建ち並ぶ堂宇が大寺の雰囲気

立江寺は市街地にある寺院としては広く、規模の大きな山門をくぐると、左手に本堂と棟続きの観音堂、奥に護摩《ごま》堂、右手に毘沙門《びしゃもん》堂、多《た》宝塔《ほうとう》、大師堂といった堂宇が立ち並んでいる。この寺はもともと聖武天皇の勅願《ちょくがん》所として現在地より西に建てられていたが、戦国時代、長《ちょう》宗我部《そかべ》氏の兵火に遭って焼失。江戸時代に入って徳島藩主蜂須賀《はちすか》氏によって現在地に復興された。現在の本堂は昭和49年（1974）の火災の後再建されたものだ。本尊は聖武天皇が妃の光明皇后の安産祈願のために刻んだといわれる地蔵菩薩。数回の火災の被害をまぬがれ、延命子安地蔵として人々の信仰を集めている。

DATA

- 住 徳島県小松島市立江町字若松13
- ☎ 0885-37-1019
- 交 JR牟岐線立江駅から徒歩5分
- P あり（有料）
- 宿坊 客室15室、200名収容可能。この先、山間に建つ20番鶴林寺、21番太龍寺と続く「遍路ころがし」の道を前に、疲れを癒す宿坊として旅人に親しまれてきた。料理は手作りの精進料理。2食付き7000円～、素泊まりも可。できるだけ前日までに予約を。

第20番札所

鶴《かく》林《りん》寺《じ》

霊《りょう》鷲《じゅ》山《ざん》　宝《ほう》珠《じゅ》院《いん》

雌雄の白鶴に守られた地蔵菩薩

■ご本尊
地蔵菩薩

■ご詠歌
しげりつる鶴の林をしるべにて
大師ぞいます地蔵帝釈

本堂の前には鶴の像

三重塔は県の文化財

杉木立の参道が本堂へ伸びる

■19番立江寺から
◆徒歩／田園風景の道を進み、萱原で小さな峠を越え、勝浦川沿いの道を進んで生名へ。このあたりまで来ると鶴林寺への標識がかなり目につくようになる。広がるみかん畑の道から山間に入っていくと急傾斜の山道となり、何度か車道を横切りながら山上の鶴林寺へ。最後の急勾配は焼山寺の道よりもきつい。約14km、約5時間。
◆車／生名までは徒歩ルートと同じ。生名からは山上へ向かう舗装路を行く。約15km、45分。
◆公共交通／立江寺からJR立江駅へ向かい、JR牟岐線で徳島駅へ。徳島駅前からはデータ欄の交通にしたがって鶴林寺へ。

●遍路泣かせの寺

鶴林寺は四国霊場のなかでもひときわ険しい難所のひとつ。標高およそ570mの山の上で、最寄りのバス停からは上り坂の参道を歩いてたっぷり1時間、女性なら1時間30分はかかろうという道を行く。標高こそ12番札所の焼山寺《しょうざんじ》には及ばないが、急斜面を登る道は焼山寺以上にきつい山道だ。車の場合も山上の駐車場まで細く曲がりくねった道を延々と走らなければならず、難所の言葉を改めて感じさせられる。

●鶴が舞い降りて本尊を守った

やがて杉木立に囲まれて建つ仁王門が見える。門には運慶《うんけい》の作と伝えられる金剛力士像が仏の世界を守っている。樹齢800年という杉木立の参道をしばらく進むと護摩堂や大師堂があり、かたわらに本堂への石段が続く。石段を上ると本堂と三重塔。三重塔は文政5年（1822）の建立で県の文化財だ。本堂の前にはまるで神社に置かれた狛犬のように、2羽の鶴の像が。そういえば仁王門にも2羽の鶴の像が置かれていた。

この鶴の像は、この地を訪ねた弘法大師が、金色に輝く地蔵菩薩を守る2羽の鶴に出会ったという本尊降臨の伝説に基づくもの。本尊は、この伝説の金色の地蔵菩薩を胎内に納めて弘法大師が彫ったという地蔵菩薩像で、秘仏。ちなみに鶴林寺の寺号もこの鶴の伝説から名付けられた。本堂に向かって左手の小径を行くと、金色地蔵と鶴が舞い降りたという伝説の本尊降臨杉があり、そのかたわらには弘法大師お手植えという菩提樹の巨木がある。

DATA

住 徳島県勝浦郡勝浦町生名字鷲ヶ尾14
☎ 0885-42-3020
交 JR徳島駅から徳島バス横瀬西行き約1時間生名下車、徒歩1時間30分
P あり（有料）　宿坊 なし

MAP P37

第21番札所

舎《しゃ》心《しん》山《ざん》 常《じょう》住《じゅう》院《いん》

太《たい》龍《りゅう》寺《じ》

「西の高野山」と呼ばれる山上の古刹

■ご本尊　虚空蔵菩薩

■ご詠歌　太龍の常に住むぞやげに岩屋
舎心聞持は守護のためなり

鐘楼門

MAP P37

■20番鶴林寺から
◆徒歩／鶴林寺からの下山路は、気を抜くと転がり落ちそうなほどの急斜面。途中で一度舗装路を横切り、30分あまりの道のりで再び舗装路に出る。神光本宮の先で那賀川を渡ると、太龍寺への登り道。しばらくは緩やかな林道だが、やがて急坂となり、太龍寺駐車場からの道に合流する。約6・5km、3時間。
◆車／鶴林寺駐車場から県道を利用。中腹まで車で上がる場合は、東側の県道28号から上る。約15km、30分。中腹の駐車場から仁王門まで徒歩30分。ロープウェイを利用する場合は、県道19号を経由して約11・5km、30分。
◆公共交通／徒歩ルートで神光本宮まで下り、県道19号を歩いて太龍寺ロープウェイ乗り場へ。約8・7km、2時間30分。

●前の札所から難所が続く遍路泣かせの道

標高600mの山中にある太龍寺。ひとつ前の札所である鶴林寺《かくりんじ》も遍路ころがしの難所だったから、この区間は難所が2ヶ所連続することになる。それだけに、ここ太龍寺は、阿波でも屈指の難所とされてきた。車の場合でも、山上の駐車場から仁王門までは、急坂の山道を1kmあまり歩かねばならない。

とはいえ太龍寺のある太龍嶽《たいりゅうがたけ》は、若き日の弘法大師が100日間もの厳しい修行をした地。修行は「虚空蔵求聞持法《こくうぞうぐもんじほう》」といい、一度見聞きしたものは、すべて覚えるという、記憶力を最高に高める真言密教の秘法である。

そうした険しい場所だけに、険しいアプローチはふさわしいのかもしれない。

●太龍寺ロープウェイ

中腹の駐車場から境内までの距離があるため、車で巡拝している遍路も多くは太龍寺ロープウェイを利用している。ロープウェイなら山頂駅を降りるとすぐに境内だ。歩き遍路にとってもこのロープウェイはありがたい存在だ。

ロープウェイは全長2775m、1つの川と2つの山を越える西日本最長のもの。スケールの大きいパノラマ風景を眺めながら10分あまりの空中散歩を楽しめる。

●西の高野山

ロープウェイ山頂駅を降りるとすぐ目の前に117段の石段が伸び、これを上ると杉木立に囲まれた本堂が待っている。本堂は嘉永5年(1852)、徳島藩主・蜂須賀斉裕《はちすかなりひろ》によって再建されたもの。堂内には弘法大師が刻んだと伝えられる本尊の虚空蔵菩薩《こくうぞうぼさつ》が祀られている。秘仏だが、毎年1月12日のみ開扉される。本堂の脇には求聞持堂《ぐもんじどう》がある。

木立に包まれた本堂

本堂の右手、石段を上ると多宝塔

幽玄な雰囲気の大師堂

本堂から右に参道が続く。少し行くと左手に上る石段があり、石段の上には多宝塔が見える。こちらは文久元年（１８６１）の建立で、彫刻が実にみごとだ。

多宝塔からさらに進み、左に折れると大師堂。杉木立に囲まれて建っており、建物に施された中国の神話や民話、故事を題材にした彫刻が印象的だ。大師堂は裏手に弘法大師御廟を設けており、四国霊場では珍しく、拝殿と奥殿の２つの堂からなっている。これは高野山の奥の院と同じ配置だ。そういえば、太龍寺の本堂と多宝塔、大師堂の配置は、高野山壇上伽藍の金堂・大塔・御影堂の配置を連想させる。こうしたこともあって、この寺は「西の高野山」とも呼ばれている。

●山上に点在する堂塔

大師堂から正面の道を進むと、修行大師像があり、そこから73段の石段を降りると堂々とした雰囲気の鐘楼門。さらに石段を下って納経所がある本坊へ向かうと、本坊に並んで持仏堂、護摩堂、六角経蔵が建つ。持仏堂の大廊下には龍の天井画がある。天井画は明治34年（１９０１）、高知県安芸市出身の画家、竹村松嶺が描いたもの。修行中の大師を守ったと伝えられる大龍が描かれている。

ここからは本坊前に戻ってロープウェイ駅へ引き返すが、さらに進めばこの寺の本来の玄関口である仁王門に出る。急坂をあえぎあえぎ登ってきた歩き遍路なら、この仁王門で巨大な金剛力士像に出迎えられてから境内に入ることができるのだ。この仁王門は鎌倉時代の建立といわれ、四国でも最大級・最古級の仁王像が安置されている。

●荒廃と復興の歴史

太龍寺は延暦年間（７８２〜８０６）に桓武天皇の勅願によって開かれた寺。その後何度か荒廃と再興を繰り返した。江戸時代には徳島藩主蜂須賀家の保護を受け、栄えた。

若き日の弘法大師が修行をしたといわれる場所は、境内から７００ｍほど南にある舎心《しゃしん》ヶ《が》嶽《たけ》（太龍嶽）という岩山。山麓からロープウェイで山頂へ向かう途中、眼下右手の山中にこの舎心ヶ嶽が見える。遠目だが、切り立った断崖の上に弘法大師の坐像があることもわかる。「舎心」は「捨身」に通じる。この険しい地で修行した大師の思いが伝わってくる。

舎心ヶ嶽へは、ロープウェイ山頂駅から急坂の山道を20分ほど歩く。やがて深い谷に臨む崖の上で坐禅を組む弘法大師の姿が見えてくる。大師像の近くまでは鎖場で登るが、鎖場を迂回する歩道ルートもある。わずかな距離とはいえかなり険しい道なのでくれぐれも慎重に足を進めたい。

天候によっては大師像のあたり一帯は霧に包まれる。その光景は神秘的で、幽玄の世界へと誘われるかのようだ。

舎心ヶ嶽の弘法大師像

DATA

住 徳島県阿南市加茂町龍山2
☎ 0884-62-2021
交 JR牟岐線桑野駅から徳島バス川口行き1時間34分和食東下車、徒歩10分の太龍寺ロープウェイ山麓駅からロープウェイで10分山頂駅下車すぐ。
P あり(有料)　宿坊 なし

小さな地蔵堂に湧く弘法の霊水

本堂へ続く石段（写真は男厄除坂）

第22番札所

白水山《はくすいざん》 医王院《いおういん》
平等寺《びょうどうじ》

弘法大師ゆかりの霊水が湧く

■ご本尊　薬師如来

■ご詠歌　平等にへだてのなきと聞く時は あら頼もしき仏とぞみる

■21番太龍寺から
◆徒歩／太龍寺の駐車場から急斜面を下る。山麓の集落から国道195号に出て、再び山道へ、小さな峠越えの道。約11・5㎞、3時間30分。
◆車／県道19号、国道195号を経由。約12㎞、40分。
◆公共交通／ロープウェイ山麓駅から和食東バス停へ出て徳島バス南部が運行する徳島駅行き20分桑野上下車徒歩5分でJR牟岐線桑野駅。さらに牟岐線6分で新野駅。

MAP P37

●大師が掘った泉が山号の由来

牟岐《むぎ》線の新野《あらたの》駅から新野の町を抜け、桑野川を渡ると、小高い丘の上に壮大な雰囲気の楼門が見えてくる。これが平等寺の山門で、朱塗りの金剛力士（仁王）像が参詣者を迎えてくれる。

山門をくぐると左手に鐘楼、その隣に大師堂、そして小さな観音堂があり、観音堂から少し離れて弘法大師ゆかりの霊水が湧いている。大師がこの地で厄除《やくよ》け祈願を行ったときに薬師如来の霊験を感じて、錫杖《しゃくじょう》で地面を掘ったところ湧いたのがこの霊水と伝えられている。大師はこの水で沐浴《もくよく》をした後、霊水を用いて祈祷を行った。この霊水が白水山という山号の由来となった。小さなお堂の下部の花頭窓《かとうまど》をのぞくと、今も霊水がこんこんと湧き続けているのがわかる。万病に効くといわれ、ご利益に預かろうと水をいただく遍路も多い。

かつては七堂伽藍が並ぶ大寺だったという

●健脚に霊験あらたか

大師ゆかりの霊水から正面の石段を上ると本堂。ちなみに石段は本堂へまっすぐ上る「男厄除坂」と、折れ曲がって上る「女厄除坂」がある。

石段を上ると本堂。本尊は薬師如来（秘仏）。弘法大師が、母玉依御前《たまよりごぜん》のために祈願をしているときに姿を現したという。

薬師如来といえば人々を病の苦しみから救い、健康の喜びを授けてくれる仏さま。とりわけこの薬師さまは健脚に霊験あらたかといわれ、本堂の中には足の不自由な人が奉納していったという松葉杖などが安置されている。

本堂には箱車が納められている。かつて、足に障害を持つ人がこの車に乗って四国巡礼を行い、この地で足腰が立つようになり奉納した、と伝えられている。足が立たなくても四国巡礼を打ちたいと願った人々の想い、自分の足で歩けるようになったという喜びが伝わる。

DATA

- 住　徳島県阿南市新野町秋山177
- ☎　0884-36-3522
- 交　JR牟岐線新野駅から徒歩25分
- P　あり（無料）
- 宿坊　休業中

■鯖大師本坊

鯖大師。寺院の名称としては珍しいが、これには、弘法大師の伝説が縁起として伝わる。その昔、この地で修行をしていた弘法大師が、通りかかった馬子に積荷のサバを分けてほしいと請うた。馬子が断ると、突然馬が苦しみだした。馬子が非礼をわびてサバを差しだすと、大師の加持によって馬は元気を取り戻し、また、捧げられたサバも生き返って泳ぎ去った、というもの。

海岸沿いの国道から脇道へ入り、鯖大師橋を渡ると馬頭観音をまつった六角堂。さらに進むと石造りの仁王像が立ち、その奥に本堂と大師堂。大師堂の前にはサバの石造が置かれている。興味深いのは本堂脇の四国霊場お砂踏み道場。中に入ると、長いトンネルに沿って四国霊場の砂が埋められており、霊場を巡拝したのと同じ功徳がいただけるとか。トンネルは、最初に目にした六角堂（堂内は護摩堂になっている）に通じている。

●ＪＲ牟岐線鯖瀬駅から徒歩５分。

山門付近からも瑜祇塔が見える

第23番札所

薬《やく》王《おう》寺《じ》

医《い》王《おう》山《ざん》　無《む》量《りょう》寿《じゅ》院《いん》

厄除けの名刹として知られる

■ご本尊　厄除薬師如来
■ご詠歌　皆人の病みぬる年の薬王寺　るりの薬をあたへましまします

■22番平等寺から
◆徒歩／国道55号とそれに並行する遍路道を行く。約21㎞、7時間。
◆車／国道55号経由。約23㎞、30分。
◆公共交通／新野駅に戻り、ＪＲ牟岐線30分日和佐駅下車。

MAP P37

●天皇家も信仰した厄除けの祈願寺

ウミガメの産卵で有名な日和佐《ひわさ》海岸を見下ろす山の中腹に建つ薬王寺は、この地域を代表する観光名所でもあり、観光客の姿も多い。

この寺の始まりは奈良時代。聖武《しょうむ》天皇の勅願《ちょくがん》所として行基《ぎょうき》によって開かれた古刹という。平安時代に、平城天皇の命により弘法大師が厄除けの根本祈願寺として以来、嵯峨天皇、淳和天皇、鳥羽天皇らが厄除け祈願所として勅使を送っている。寺が火災で荒廃した折には後醍醐天皇が再興させるなど、天皇家の信仰が厚い寺院として歴史を刻んできた。こうした歴史から、薬王寺は厄除けの寺として庶民にも古くから信仰されてきた。遍路だけでなく一般の参拝客も多く訪れ、参拝客は年間およそ１００万人に上るという。

明るい参道

●境内にはさまざまな厄除けの場所が

山門の前の小さな水路にかかる橋は厄除け橋。これを渡って仁王門をくぐり、鐘楼を右手に見ながら参道を進むと、まず女厄坂33段の石段。上ったところが絵馬堂で、ここからさらに42段の石段である男厄坂が続く。厄年の男女は、それぞれの厄坂を上るとき、1段ごとに小銭を置き、厄落としの祈願を込めて上るのがならわしという。

薬師如来をまつる本堂

本堂の右奥の瑜祇塔《ゆぎとう》へ上る石段は男女共通の61段の還暦厄坂となっている。

境内にはほかにも厄除けにまつわる場所は多い。女厄坂と男厄坂の途中の絵馬堂に、厄除けの臼。本堂の近くに建つ魚籃《ぎょらん》観音の脇には厄除けの随求《ずいぐ》の鐘など、境内には厄除けの霊場が点在する。臼も雲版も、年齢と同じ回数だけ、杵でついたり木槌でたたいて、厄除け祈願をするのだ。

厄除坂は一段ずつ賽銭を置いて登る

境内の高みに建つ瑜祇塔

●後ろ向き薬師

本尊の厄除薬師如来は、2体が納められているという（秘仏）。文治4年（1188）、火災に遭ったとき、本尊の薬師如来は光を放ちながら飛び去り、奥の院・玉厨子《たまずし》山に自ら避難した。のちに嵯峨天皇が伽藍《がらん》を再建して新しい薬師如来像を開眼供養すると、避難していた本尊が再び光を放って戻り、後ろ向きに本堂に入った、と伝えられる。これが「後ろ向き薬師」の由来で、つまり2体の観音像が背中合わせに納められていることになる。このため、本堂は、前後双方から参拝できるようになっている。

●瑜祇塔《ゆぎとう》

境内の景観のシンボル的存在が、山門からも眺められる瑜祇塔。高さ29ｍの朱塗りの宝塔《ほうとう》形式の塔だ。一般的な宝塔と異なるのは、相輪《そうりん》が屋根の中央のほか四方にも設けられ、合計5本の相輪があること。これは天と地の和合を説く「瑜祇経」の教えに基づくもので、平和と幸福を意味するという。塔内は1階に大日如来を中心した五智如来を安置し、地下は戒壇めぐり、2階は展望台になっている。正月期間など拝観できる時期が限られているので、希望者は事前に確認を。

厄除けの随求の鐘

●海を眺める境内

高台にある境内からは眺めがよく、日和佐の町や太平洋が一望のもと。この寺で徳島県の札所「発心の道場」は打ち終わり、この先は高知県の札所「修行の道場」をめぐる。

DATA

- 住 徳島県海部郡美波町奥河内字寺前285-1
- ☎ 0884-77-0023
- 交 JR牟岐線日和佐駅から徒歩10分
- P あり（無料） 宿坊 なし
- ※瑜祇塔戒壇めぐり拝観料100円

高台に堂宇が点在する

いくつもの堂宇が並ぶ

第24番札所

最《ほつ》御《み》崎《さき》寺《じ》

室《む》戸《ろ》山《とざん》 明星院《みょうじょういん》

弘法大師「空海」の号のゆかりの地

■ご本尊
虚空蔵菩薩

■ご詠歌
明星の出でぬる方の東寺
暗き迷いはなどかあらまじ

多宝塔

木立に囲まれた境内

室戸青年大師像は、胎内めぐりができる巨像

■23番薬王寺から
◆徒歩／国道55号をひたすら歩く。約75㎞、24時間。
◆車／徒歩ルートと同じ道。約2時間。
◆公共交通／日和佐駅からJR牟岐線約40分海部駅下車、阿佐海岸鉄道DMV（デュアル・モード・ビークル）15分海の駅東洋町下車、高知東部交通バス室戸線乗り換え55分室戸営業所下車、同社バス室戸世界ジオパーク行き6分室戸岬下車。

MAP P43

●土佐の国「修業の道場」の始まり

太平洋に突き出た室戸《むろと》岬の先端近く、海を見下ろす山の上にたたずむ最御崎寺。この寺から土佐国、「修業の道場」の寺院をめぐることになる。23番薬王寺からこの24番までは、徒歩だと75㎞、3日はかかる道のりで、しかもその大半が国道歩きとなる。しかし、ただ黙々と次の札所を目指して3日間歩き続けるというのも、「修業の道場」の始まりにはふさわしいとも思える。

●若き日の弘法大師修行の地

最御崎寺の建つ室戸岬は、若き日の弘法大師が苦修練行を重ねた地だ。海岸近くの丘の上には、青年時代の大師の姿という室戸青年大師像が立っている。高さ16mの巨大な像で、弘法大師像としては日本一の高さという。

ほかにも大師が密教の儀式を行ったという「灌頂《かんじょう》ヶ浜」や、海岸にありながら真水が湧き眼病に霊験あらたかという「目洗いの池」、小石を投げ入れると子宝に恵まれる「子授け岩」など、弘法大師の霊験にまつわるエピソードを伝える見どころが数多くあり、これらをめぐる遊歩道も設けられている。

●「空海」の号を伝える洞窟

点在する弘法ゆかりの地のなかで、ぜひ足を運びたいのは御厨人窟《みくろど》だ。ここは青年時代の弘法大師が修行のために起居し、苦行の末の悟りを開いたという洞窟。内部は広く、奥行きは20mほど、天井までは5mほどもある。その真っ暗な中から洞窟入り口の向こうを見ると、目に入るのはかなたの水平線だけ。空と海、それだけしか見えないこの洞窟での体験から、大師は「空海」の名を得たという。

弘法大師がこもった御厨人窟から外を見ると、空と海だけが見える

MAP P43

鐘楼堂。複雑な組物が印象的

●唐から帰国した大師が建立

弘法大師はその後唐へ渡り、さらに修行を重ねて帰国する。日本に戻った大師は、再び室戸岬を訪れ、嵯峨天皇の勅願《ちょくがん》によって最御崎寺を建立した。自ら虚空蔵菩薩像を刻んで本尊としたという。

以来この寺は歴代天皇の勅願所として栄えていき、南北朝時代には土佐国を鎮護する土佐安国寺になった。江戸時代には土佐藩主山内氏の手厚い保護を受けて七堂《しちどう》伽藍《がらん》を整えた。しかし、明治の神仏分離によって荒廃。一時は見る影もなく荒れたが、大正3年（1914）に復興。現在の本堂は大正13年（1924）の再建だ。

弘法七不思議のひとつという鐘石

●大師ゆかりの旧蹟をたどる

海岸の御厨人窟の先から登山道を登るのが、最御崎寺の正規の参拝ルートである。室戸岬灯台への案内表示が目印だ。この山道沿いには、嵐の日に大師が岩に嵐を封じ込めたところ、岩がねじれたという母君を避難させたという「ねじり岩」、大師が一晩で建立した「一夜建立の岩屋」などが点在している。やがて壮大な仁王門。仁王門の手前を左へ進むと室戸岬灯台がある。

車利用の場合は、駐車場から石段を上らず右の坂道へ。石段を上るといきなり本堂へ出てしまう。

●南国ムードの境内

仁王門をくぐって境内へ。あたりにはアコウやビロウ、ウバメガシといった亜熱帯の植物が茂っている。杉木立が目立った徳島県の霊場に比べると、南国ムードもたっぷりだ。特にヤッコソウの群落は珍しい。そんな亜熱帯の樹木に囲まれるようにして、鐘《しょう》楼《ろう》堂、大師堂、多宝塔、歓喜天堂《かんぎてんどう》、護摩《ごま》堂、本堂などの堂宇が建ち並ぶ。

本堂の奥には宝物殿がある。通常は公開されていないが、多くの寺宝を収蔵。薬師如来像、月光菩薩立像、大師が唐から持ち帰ったといわれる如意輪《にょいりん》観音半跏《はんか》像は、国の重要文化財となっている。

大師堂の脇で目を引くのは「鐘石《かねいし》」。上部にいくつかのくぼみがある岩で、くぼみに置かれた小石でこの岩をたたくと、カンカンと澄んだ金属音が響く。この音は極楽浄土まで響く鐘の音なのだという。

本堂からさらに奥へ進むと宿坊の「最御崎寺遍路センター」。巡拝用品の売店や食堂もある。

南国ムードの境内に並ぶ石仏

DATA

住 高知県室戸市室戸岬町4058-1
☎ 0887-23-0024
交 土佐くろしお鉄道ごめん・なはり線奈半利駅から高知東部交通バス室戸岬行き50分室戸岬下車、徒歩35分
P 普通車は無料
宿坊 「最御崎寺遍路センター」がある。カツオのたたきなど土佐の味も堪能できる。要予約。

第25番札所

宝《ほう》珠《しゅ》山《ざん》 真《しん》言《ごん》院《いん》 津《しん》照《しょう》寺《じ》

海上安全の「かじ取り地蔵さん」

■ご本尊　かじとり延命地蔵菩薩

■ご詠歌　法の舟入るか出づるかこの津寺　迷ふ吾身をのせてたまへや

山門から石段が伸びる。石段中腹には竜宮門が

■24番最御崎寺から
◆徒歩／海岸沿いの国道55号を行く。約7km、2時間。
◆車／徒歩と同じルート。約15分。
◆公共交通／室戸岬バス停から高知東部交通バス高知行き25分室戸下車。

MAP P43

●海と港を見下ろす小山の寺

室戸岬から海岸沿いの道を6kmほど進んだ室戸市の中心部、室津《むろつ》港（室戸港）を見下ろす小山の上の寺。寺は小高い山の上に建ち、海上からもよく見える。このため、寺は室戸の「仏の灯台」と呼ばれ、船乗りたちの目印となり「津寺」と呼ばれて厚く信仰されてきたという歴史をもつ。

ふもとに建つ朱塗りの門をくぐると右手に大師堂と納経所があり、正面には長い石段が続く。石段の途中には竜宮門があり、さらに階段を上ると本堂。

山上に建つ本堂からは室津の港町や海が一望のもと。いかにも南国らしい日差しが、波にキラキラと反射して、まぶしい。

●山内一豊《やまうちかつとよ》を救ったお地蔵さま

本堂をのぞくと、壁一面にびっしりと並べられた万体地蔵尊が目に入る。本尊の延命地蔵菩薩は秘仏。しかしこの本尊延命地蔵尊には、内助の功による出世物語で知られる土佐藩主・山内一豊が登場する不思議なエピソードが伝えられている。

山内一豊が室戸沖を航行中に暴風雨に襲われ、遭難しかけた。しかしそこへ一人の僧が突然現れ、船のかじを取ると、みごとに船を操って無事に港へ導いた。しかしその僧は港へ着いたとたん姿を消してしまった。不思議に思いながら港のこの寺に参詣したところ、本尊の地蔵菩薩が海水でびしょぬれになっていた、というもの。以来この地蔵尊は「楫《かじ》取り地蔵」と呼ばれるようになり、海上を往く船人たちの航海安全の守り仏として厚く信仰されてきた。もともと、弘法大師が海の安全と大漁を祈って刻んだとされる地蔵尊である。「かじ取り」は船のかじを操るだけではなく、「火事を取り去る」との意味もあり、火難除けのご利益もあるとされている。

大師堂は山麓にある

DATA

- 住　高知県室戸市室津2652イ
- ☎　0887-23-0025
- 交　土佐くろしお鉄道ごめん・なはり線奈半利駅から高知東部交通バス室戸岬行き25分室戸下車、徒歩10分
- P　なし(徒歩5分の港前広場に駐車可能)
- 宿坊　なし

■番外霊場　不動岩

羽根崎と室戸岬のほぼ中間に位置する行当岬。「行当」は「行道」であり、岬の一帯が不動岩と呼ばれる修行の場であった。その岬に建つ不動堂は波切不動を祀り、漁師の守護尊として信仰を集めている。岬には弘法大師が行に当たられた窟があり、遊歩道をめぐって窟まで行かれるようになっている。26番札所金剛頂寺は明治初めまで女人禁制だったため、女性の遍路はここが女人堂になっていた。

■土佐くろしお鉄道ごめん・なはり線奈半利駅から高知東部交通バス室戸岬行き20分新村不動下車、徒歩3分

最御崎寺室戸岬灯台

第26番札所

金剛頂寺《こんごうちょうじ》

龍頭山《りゅうずざん》 光明院《こうみょういん》

弘法大師が開基の「土佐西寺」

■ご本尊　薬師如来
■ご詠歌　往生に望みをかくる極楽は月の傾く西寺のそら

森に囲まれた本堂

仁王門

弘法大師が一粒万倍という奇跡を起こした釜

■25番津照寺から
◆徒歩／海岸沿いの国道55号を歩き、元川にかかる元橋を渡り、ドライブインを兼ねた民宿のうらしまを目印に右折。坂道を上ると、途中から歩き遍路専用の登山道となる。約5㎞、1時間40分。
◆車／元橋までは徒歩ルートと同じ道、国道から右折した後はカーブを重ねて山上の寺へ。約6㎞、10分。
◆公共交通／バス停室戸まで歩き、高知東部交通バス高知行き15分元橋下車。

MAP P43

●若き日の弘法大師修行の地

この寺はご詠歌では「西寺《にしでら》」となっている。古来、「室戸三山」の一つとして「西寺」の名で親しまれてきた。

金剛頂寺の創建は大同2年（807）。嵯峨天皇の勅願《ちょくがん》によって、大師が青春時代に修行した地で薬師如来像を刻み、その薬師如来を本尊としてたのがこの寺の始まりである。

以来この寺は皇室の信仰も厚く、淳和天皇も勅願所とするなど栄えた。平安時代の金剛頂寺の寺領は現在の室戸市の大部分に及ぶほどだったという。中世には長宗我部《ちょうそかべ》氏、江戸時代には土佐藩主山内氏らの保護を受け、隆盛を見せた。が、明治になると廃仏毀釈《はいぶつきしゃく》などもあって次第に衰退することとなる。明治32年（1899）には火災で堂宇を失った。現在の建物はその後再建されたものだ。

●厄除けの石段

男女の厄年の数にあわせた厄除けの石段を上る。山門をくぐり、さらに上ると右手に鐘楼、左手に大師堂。正面に続く階段を上ると本堂がある。本尊の薬師如来像は秘仏だが、毎年正月（1月8日まで）に開帳される。

また大師堂は本堂に背を向ける状態で西に向かって建っているが、これは、この地で悪さをしていた天狗に対し、弘法大師が西方へ追い払い、戻ってこないように見張っている、という伝説によるものだ。

●数多くの文化財

大師堂の脇には「一粒万倍《いちりゅうまんばい》の釜」。弘法大師が3合3勺の米を炊いたところ、それが1万倍にも増えたという伝説がある釜で、大師堂近くの小さなお堂に安置されている。

霊宝殿には平安時代の仏像や弘法大師のものとされる密教の法具など、数多くの文化財が伝わっており、事前に連絡しておけば拝観できる（拝観料志納）。

大師堂

DATA

住 高知県室戸市元乙523
☎ 0887-23-0026
交 土佐くろしお鉄道ごめん・なはり線奈半利駅から高知東部交通バス室戸岬方面行き30分元橋下車、徒歩20分
P あり（無料）
宿坊 あり。ただし、宿坊の営業は不定期。利用を希望する場合は、事前に確認を。

第27番札所

神《こうの》峯《みね》寺《じ》

竹《ちく》林《りん》山《ざん》　地《じ》蔵《ぞう》院《いん》

急坂が続く土佐の関所寺

■ご本尊　十一面観世音菩薩

■ご詠歌　みほとけのめぐみの心神峯　山も誓も高き水音

神仏混交時代をしのばせるように仁王門と鳥居が並ぶ

■26番金剛頂寺から

◆徒歩／26番の境内を西へ抜け、山道を下る。その後は国道55号を歩き、土佐くろしお鉄道唐浜駅付近から内陸へ。かなりきつい急坂を登る。約33km、12時間。

◆車／26番の境内から来た道を戻り、国道55号に出たら高知方面へ。内陸に入ってからはかなりの急坂。約34km、1時間20分。

◆公共交通／26番札所から徒歩1時間20分で道の駅キラメッセ室戸付近にあるキラメッセ室戸バス停。ここから高知東部交通バス40分東谷入口下車、徒歩1時間30分。

●遍路泣かせの急坂

神峯寺は、寺に行く道の険しさから「土佐の関所寺」といわれている。ひとつ前の札所である金剛頂寺からの道のりはおよそ33㎞。この距離を歩き、標高450ｍの地にある神峯寺まで上っても、そこに宿坊がなく山麓の町へ下山することを考えると、26番からの歩き遍路はまる1日がかりになる。

とりわけ厳しいのが、「真《ま》っ縦《たて》」と呼ばれる急坂だ。一歩一歩が難行苦行を思わせる遍路泣かせの道で、傾斜45度に及ぶ急勾配が1・3㎞も続く。ようやく見えてきた仁王門の先にも、およそ150段の石段が本堂まで延びていて思わずため息が出る。

●のどを潤す霊験あらたかな水

大汗をかいて上ってきた遍路を迎えてくれるのは、弘法大師の霊験もあらたかな「神峯《こうのみね》の水」。病に伏した女性がこの水を飲ませてもらって一命をとりとめた、という伝説の水だが、急坂を登ってあえぐ身には、まさに命の水といえるだろう。

清水の周辺はよく手入れされたサツキの植え込みが印象的な庭園で、初春には梅の花が馥郁《ふくいく》たる香りを漂わせる。

遍路ののどを潤す「神峯の水」

●神仏混交の歴史をとどめる

寺の歴史は神話の時代にさかのぼり、神后皇后が戦勝祈願をしたのが始まりという。つまりここは、仏教伝来のはるか以前に建てられた神社だったのだ。その聖域に、行基が十一面観音像を安置し、以来ここは神仏混交の霊場となった。明治の廃仏毀釈《はいぶつきしゃく》でいったんは荒廃したが、その後復興。仁王門の脇に建つ神峯神社の鳥居が、そんな歴史を物語っているかのようだ。

DATA

住　高知県安芸郡安田町唐浜2594

☎　0887-38-5495

交　土佐くろしお鉄道唐浜駅から徒歩1時間20分

P　あり(有料)　宿坊　なし

MAP P43

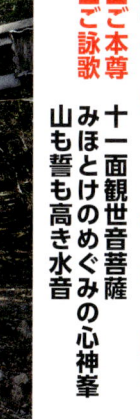

石段の途中にある簡素な門

第28番札所

奥の院の薬師如来が信仰を集める

法界山《ほうかいざん》 高照院《こうしょういん》

大日寺《だいにちじ》

■ご本尊　大日如来

■ご詠歌　つゆ霜と罪を照らせる大日寺
などか歩みを運ばざらまし

■27番神峯寺から
◆徒歩／急坂を下って国道へ戻り、海岸沿いの国道55号を歩き、野市の街中から28番へ。約38km、11時間。
◆車／徒歩ルートと同様。約38km、1時間30分。
◆公共交通／神峯寺から徒歩1時間で土佐くろしお鉄道ごめん・なはり線唐浜駅。ごめん・なはり線40分のいち駅下車。

●なだらかな丘の上に建つ古刹

大日寺は野市《のいち》の市街地からは少し離れており、周囲はうっそうと茂った樹木に囲まれ、ちょっと山寺めいた雰囲気がある。小高い丘の上に広がる境内に続く石段を登ると、途中に山門があり、さらに石段を登ると正面に本堂、右手には地蔵堂、左手に大師堂が建っている。本坊の庭は初春のサンシュユや3月のしだれ桜など、季節の花が美しい。

●秘仏のご本尊

本尊は寺号から連想されるとおり大日如来。行基《ぎょうき》の作とされるもので、高さ4尺8寸2分（約145㎝）は、四国に伝わる大日如来座像では最大級のものとされている。この本尊と、脇侍《きょうじ》の聖《しょう》観音像はいずれも国の重要文化財（非公開）。

●首から上の病にご利益の爪《つめ》彫り薬師

この寺で信仰を集めているのは、どちらかといえばご本尊よりも、奥の院の薬師如来のようだ。

奥の院の薬師如来は「弘法大師の爪彫り薬師」として知られている。大師がクスノキの大木に直接爪で彫りつけたという薬師如来で、明治のころまでは立ち木のまま祀られていたという。しかし、その後台風でこのクスノキが倒れてしまったとかで、現在は、霊木の如来を彫った部分を小さな薬師堂に安置している。この薬師如来は、古くから「首から上の病に霊験あらたか」といわれており、頭痛や眼病、歯痛などに苦しむ人々や、身内が脳梗塞になってしまった、などと悩む人々が数多く参拝している。最近では花粉症の平癒を祈る人も多いとか。

奥の院は本坊の前から100mほど。小さなお堂には無数の穴の開いた小石が納められている。これはご利益を授かった人々がお礼にと納めていったものだ。つまりそれだけ多くの人々に信仰されているということでもある。かたわらには大師の御加持水といわれる湧き水がコンコンと湧き、お遍路さんののどを潤している。

奥の院の爪彫り薬師

DATA

住 高知県香南市野市町母代寺476-1
☎ 0887-56-0638
交 土佐くろしお鉄道のいち駅から徒歩40分
P あり(無料)　宿坊 なし

30番善楽寺に隣接する土佐神社。社殿は重要文化財

■番外霊場　毘沙門堂

29番札所国分寺の奥の院。かつて弘法大師がこの地を巡錫していたとき、この地で滝を見つけ、大師は滝で身を清めていた。そのときに大師が感得したのが毘沙門天で、その姿を大師が刻んだのが毘沙門堂の始まりという。

その後、ここには瀧本寺という真言宗の大寺が建てられた。瀧本寺は戦国時代の土佐に勢力を誇った長宗我部元親との結びつきが強く、この寺の僧は長宗我部氏の外交僧も務めたとか。毘沙門堂は天正7年（1579）、元親と嫡男の信親によって建てられ、現在の毘沙門堂は安政3年（1856）の再建。弘法大師が身を清めたという滝は「毘沙門の滝」と呼ばれ、落差30m、3段に分かれて落ちる。滝のすぐ隣に朱塗りの毘沙門堂がある。

■土讃線布師田駅から徒歩2時間。30番善楽寺からは徒歩45分。

杉木立の中を伸びる参道

庭園と中門

第29番札所

摩《ま》尼《に》山《さん》 宝《ほう》蔵《ぞう》院《いん》 国《こく》分《ぶん》寺《じ》

500年の風雪を刻む金堂

■ご本尊　千手観世音菩薩

■ご詠歌　国を分け宝をつみて建つ寺の
末の世までの利益のこせり

MAP P47

■28番大日寺から
◆徒歩／田園風景のなかの道を行く。道は平坦でのどかなウォーキングができる。約9・2㎞、2時間30分。
◆車／のいち駅前へ戻り、土佐くろしお鉄道沿いの道を西へ。後免市街地から北上。約12・5㎞、30分
◆公共交通／のいち駅へ戻り、土佐くろしお鉄道10分でJR土讃線後免駅。ここからバス（データ欄参照）。

●紀貫之ゆかりの古刹

天平13年（741）、聖武天皇の国分寺建立の詔《みことのり》によって諸国に建てられた国分寺のひとつ、土佐国分寺がこの寺の前身。つまり、この国分寺の周辺は、かつて土佐国の政治・文化の中心地として栄えた土地ということになる。平安時代、『土佐日記』で知られる歌人・紀貫之《きのつらゆき》が土佐の国司として赴任していたときは、屋敷をこの寺の近くに構え、住職と親交を温めていたという。

広い境内の東側には、天平時代の土塁の名残と思われる高さ2m、幅3mほどの土壇が残る。また塔の心礎石《しんそせき》もあり、境内全域が文化財として国の史跡に指定されている。

●点在する文化財建築

明暦元年（1655）に建てられた楼門《ろうもん》形式の壮大な仁王門をくぐり、ヒノキの並木が森閑とした雰囲気を漂わせる参道を進むと、正面に金堂《こんどう》（本堂）。金堂は、規模こそ大きいものの、寄棟で柿葺きの簡素な建物。戦国時代に土佐を統一した長宗我部元親によって、永禄元年（1558）に建てられたもので、国の重要文化財に指定されている。

よく見ると、寄棟の屋根の手前の部分がせり出して向拝となっており、独特の形式だが、これは江戸時代に土佐藩主山内氏によって改修を加えられたため。向拝の蛙股には、山内氏の家紋である土佐柏が彫刻されている。

金堂の左手に建つ大師堂は、寛永11年（1634）の建立。こちらは昭和35年（1960）に改修された銅板葺きの屋根。大師堂の左手、小さなお堂には地蔵尊が納められている。酒断ち地蔵といわれ、酒をやめたい、やめさせたいと願う人々が訪れる。

仁王門の近くにある鐘楼から中門をくぐると、南国らしくソテツや椿が植えられた庭園に出る。春はボタン、初夏はツツジ、アジサイが美しい。

室町建築で重要文化財の金堂

DATA

住　高知県南国市国分546
☎　088-862-0055
交　JR土讃線後免駅から南国市コミュニティバス植田～JA高知病院線10分、国分寺通下車、徒歩5分
P　あり（無料）　宿坊　なし

第30番札所

百《ど》々《ど》山《ざん》 東《とう》明《みょう》院《いん》 善《ぜん》楽《らく》寺《じ》

土佐一宮別当寺の面影を残す

■ご本尊 阿弥陀如来
■ご詠歌 人多く立ち集まれる一の宮」昔も今も栄えぬるかな

善楽寺本堂

■29番国分寺から
◆徒歩／国分川に沿ったのどかな雰囲気の道を進み、山間の道から県道３８４号へ。こんもりと茂る土佐神社の森を目印に進む。神社の隣が札所。約8㎞、２時間20分。
◆車／県道３８４号を利用。約８㎞、15分。
◆公共交通／国分寺通バス停からとさでん交通バス高知市内方面行き12分一宮神社前下車。

●遍路を出迎える十一面観音さま

善楽寺境内に入ると、まず目に入るのは巨大な十一面観音像。本来は地蔵菩薩の持物である錫杖を右手に、左手には水瓶を持つという独特のお姿。長谷寺式観音と呼ばれ、奈良・長谷寺の本尊を模したとされている。

観音像から奥に進むと、左手に大師堂と本堂が並んで建つ。本堂は昭和58年（1983）に建てられたもので、薄暗い堂内で金色の阿弥陀如来像が明りに照らされて印象的だ。

本堂の向かいの梅の木の下には、梅見地蔵。目、鼻、口、耳、脳など首から上の病に霊験あらたかといわれる。境内には他に子安地蔵堂もある。

本堂に並んで建つ大師堂

●歴史に翻弄された名刹

善楽寺へ向かうとき、かなり遠くからでも目を引くのが、こんもりと茂った木立だ。森は土佐一ノ宮である土佐神社の杜。善楽寺は神社と境内を接している。この位置関係からも想像できるように、善楽寺は土佐一ノ宮の別当として長い歴史を重ねてきた。江戸時代以前は、現在の土佐神社にあった神宮寺が札所で、この寺は納経所だった。

首から上の病気にご利益があるという梅見地蔵

しかし明治の廃仏毀釈で神宮寺が廃寺となり、本尊の阿弥陀如来像と弘法大師像は29番の国分寺へ預けられた。その後、阿弥陀如来像だけが高知駅の西方にある安楽寺に移され、安楽寺が新たに30番札所となった。一方昭和9年（1934）、国分寺に預けられていた大師像を戻して善楽寺が復興。善楽寺はもともと30番札所納経所だったことから、30番札所が安楽寺と善楽寺の2ヶ所に存在する事態になってしまった。この状態は長く続いたが、平成6年（1994）に善楽寺が30番札所、安楽寺が30番奥の院ということで落ち着き、現在に至っている。

DATA
住 高知県高知市一宮しなね2-23-11
☎ 088-846-4141
交 JR土讃線土佐一宮駅から徒歩20分
P あり(無料)　宿坊 なし

MAP P47

第31番札所

五《ご》台《だい》山《さん》 金《こん》色《じき》院《いん》
竹《ちく》林《りん》寺《じ》

「よさこい節」の僧・純信ゆかりの寺

■ご本尊　文殊菩薩

■ご詠歌　南無文殊三世の仏の母ときく我も子なれば乳こそほしけれ

本堂は室町様式で国の重要文化財

■30番善楽寺から

◆徒歩／土佐神社の参道を土佐一宮駅方面へ戻り、県道44号線を南下。最後の１kmは山道でややきつい上り坂。約６km、２時間。

◆車／県道３８４号から県道44号を走り、東消防署がある交差点を右折。国分川を渡って左折、川沿いに南下して青柳橋を渡ると、竹林寺がある五台山公園へ上る道に入れる。ちなみに五台山公園の道は北側の青柳橋側から進入し、南へ出て行く一方通行だ。

◆公共交通／一宮神社前バス停からとさでん交通バス高知市内方面行き20分はりまや橋下車、とさでん交通ＭＹ遊バス桂浜行きに乗り換える。

MAP P47

●風光明媚な高台の寺

山号の五台山は文殊菩薩《もんじゅぼさつ》が現れたという中国仏教の霊山のひとつ。その五台山に似た山容の霊地として、神亀元年（７２４）、聖武天皇の勅願によって、行基《ぎょうき》が文殊菩薩を安置して開創した。

寺は高知市の郊外、標高１４５ｍの五台山の山頂近くに建つ。五台山は山全体が公園として整備されており、展望台や休憩所、売店などが点在。高知を代表する桜の名所であり、春には行楽客で大いににぎわうところだ。高知出身の植物学者牧野富太郎《まきのとみたろう》にちなんだ牧野植物園もある。

こうした場所にある寺だけに、境内には観光客の姿も多い。風光明媚な観光地に建つ、明るい雰囲気の寺院である。

●歴史を刻む建物が点在

山上の寺とはいえ境内は広い。木々に囲まれた石段を上ると豪壮な雰囲気の仁王門。さらに石段を上ると左手に大師堂、その奥に五重塔がそびえ、大師堂と向かい合うようにして本堂が建っている。

五重塔は昭和55年（１９８０）の再建だが、廃仏毀釈《はいぶつきしゃく》の影響が大きかった高知県では、現在、この塔が県内唯一の五重塔となっている。

本堂と大師堂はともに寛永21年（１６４４）に、土佐藩2代藩主山内忠義《やまうちただよし》によって建てられた室町様式の建物で、国の重要文化財。本堂には土佐山内藩12代藩主山内豊資《とよすけ》の筆による「文《もん》殊《じゅ》閣」の額が掲げられ、文殊堂とも呼ばれている。ご本尊の文殊菩薩はクスノキの一木造。木彫の文殊菩薩像としては日本で最も古い時代のもので、こちらも国指定重要文化財だ。

高知県内唯一の五重塔がある

楼門形式の仁王門

大師堂は寛永21年(1644)の建築

国指定名勝の庭園（西庭）

●藤原期から鎌倉期の仏像が並ぶ宝物館

本尊の文殊菩薩は平安時代につくられた文殊菩薩像で、獅子《しし》に乗り、善財《ぜんざい》童子をはじめ四侍者を従えた五台山文殊の姿。秘仏である。ちなみに華《け》厳経《ごんきょう》という経典では、善財童子は次のように紹介されている。

童子は文殊の指南によって、さまざまな分野の達人ともいうべき53人を訪ねて善知識を聞き、悟りの世界に開眼。童子が教えを請うたのは仏・菩薩から資産家、医師、漁師、遊女まで。「自分以外のすべての人が皆わが師なり」を実践し道を開いていったのである。また、童子が訪ねた善知識の数が「東海道五十三次」の宿場数のもととなったといわれる。

宝物館では藤原時代の薬師如来像や十一面観音像、威容を見せる大威徳明王と愛染明王など、重要文化財の仏像が展示されている。高知県内の重要文化財仏像の3分の1がここで見られるということで、高知県随一の文化財の宝庫といわれている。

●四季折々に美しい名勝庭園

境内には室町時代の禅僧夢窓国師《むそうこくし》の築庭という国指定名勝の庭園もある。自然の地形を利用して造られた庭園で、書院を取り囲むようにして北庭と西庭が広がる。北庭は南国らしい明るい雰囲気の庭。西庭は中国の廬山《ろざん》を模した築山とハスが咲く池からなる閑雅な庭。初夏のツツジ、秋の紅葉など季節の花が美しく彩る。

ちなみに庭園を観賞する書院は、土佐藩主山内氏が参詣したときに通される建物として江戸時代中期に建てられたもの。書院造の美しい建物で、国の指定文化財となっている。

●「よさこい節」ゆかりの寺

竹林寺は、「よさこい節」で歌われている、かんざしを買ったお坊さんこと純信《じゅんしん》がいた寺としても知られる。伝承では、江戸時代の末ごろ、鋳掛け屋の娘お馬が、寺で掃除や洗濯などの奉仕作業をしていた母親に連れられて竹林寺に通ううち、僧侶であった純信に心を寄せるようになった。一方の純信は、身の回りの世話をしてくれるお馬に、お礼のつもりでかんざしを買ったのだろう。

しかし、江戸時代、僧侶が女性と交際するのは厳禁。かんざしを買った純信の姿が誰かに目撃されたのか、すぐにうわさは広まった。純信は寺にいられなくなり、駆け落ちを決意する。手に手をとって逃げた二人は琴平に落ち着き、お馬は旅籠女中として、純信は寺子屋の教師として働くが、やがて正体が知られ捕らえられてしまう。二人は高知城下でさらし者にされ、後に追放刑を受けた、という。純信がかんざしを買ったはりまや橋はこの寺からおよそ6㎞。片道1時間以上の道のりを歩いて、かんざしを買い求めた純信の心に想いを馳せてみるのもいいだろう。

DATA
住 高知県高知市五台山3577
☎ 088-882-3085
交 JR土讃線高知駅からとさでん交通MY遊（まいゆう）バス桂浜行き29分、竹林寺前下車。
P あり（無料）
宿坊 なし
※名勝庭園・宝物館は8時30分～17時、無休。拝観料400円。

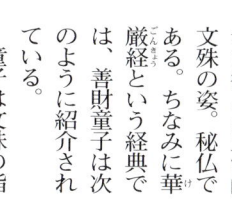

第32番札所

禅《ぜん》師《じ》峰《ぶ》寺《じ》

八《はち》葉《よう》山《ざん》 求《ぐ》聞《もん》持《じ》院《いん》

海上安全の船魂観音

■ご本尊 十一面観世音菩薩

■ご詠歌 静かなる我がみなもとの禅師峰寺 浮かぶ心は法の早船

仁王門から荒々しい石段が続く

■31番竹林寺から

◆徒歩／山道を下り下田川沿いの道を東へ。瑞山橋を渡り、標識に従って進む。約6㎞、1時間20分。

◆車／徒歩ルートとほぼ同じだが、竹林寺から降りる山道と禅師峰寺直前の道はやや回り道となる。約6・5㎞、15分。

◆公共交通／竹林寺前バス停からとさでん交通MY遊バス桂浜行き12分池通技術学校前下車、徒歩35分。

MAP P47

●弘法大師が観音霊場とした山上の古刹

禅師峰寺は土佐湾を眺める峰山《みねやま》の山上にあり、地元の人々からは「峰寺」（「みねんじ」「みねでら」「みねじ」）の通称で親しまれている。寺の起源は奈良時代にさかのぼり、行基《ぎょうき》が聖武天皇の勅命により、土佐沖を航行する船舶の安全を願って、堂宇を建てたのがはじまりという。

ここは弘法大師が虚空蔵求聞持法《こくうぞうぐもんじほう》という、無限の記憶力を身に着けるための修行を行なった場所。この時大師は、「この山の姿が観音の浄土である補陀洛《ふだらく》山にあると伝わる八葉の蓮華座《れんげざ》（仏様が乗る台）に似ている」として、観音霊場としたという。「八葉山求聞持院」の山号・院号はこのことに由来する。ちなみに「禅師」は修行僧のことだ。

駐車場の十一面観音

●駐車場で出迎える観音さま

禅師峰寺の本尊は弘法大師が刻んだとされる十一面観音。峰寺通のバス停から坂道を上っていくと禅師峰寺の駐車場。かたわらに十一面観音像が立ち、参詣者を迎える。なお、歩き遍路の場合は別のルートで仁王門前に出るため、駐車場の観音さまとは対面しないことになる。

駐車場から石段を上がっていくと、こぢんまりとしていながら堂々とした雰囲気の仁王門。以前はここに鎌倉時代の仏師定明《じょうめい》の作という重要文化財の金剛力士像が置かれていたが、現在は収蔵庫に保管されている。

●奇岩怪石が神秘の雰囲気をかもしだす

仁王門からさらに石段を上る。石段は自然石を配したものでゴツゴツとして荒々しい。仁王門の脇には、屏風岩と呼ばれる奇岩をバックに峰寺不動明王がある。屏風岩の形状はまるで不動明王の火焔《かえん》を思わせ、印象的だ。

石段を上っていくと、本堂が見え、左手に大師堂、その奥に地蔵堂と阿弥陀《あみだ》堂。山上の寺だ

本堂の前にはあずまやのような堂があり、雨の日でもぬれずに参拝できる

火焔のような岩を背後に立つ峰寺不動明王

奇岩怪石に彩られた境内

けに限られたスペースに堂宇が並んでいる。本堂の手前にも自然の造形美ともいうべき奇岩怪石があり、点在する水子地蔵、弘法大師像などに神秘の趣を加えている。

●船乗りからの信仰が厚い観音さま

本尊の十一面観音は、弘法大師が土佐の海を往く舟の航行安全を祈願して刻んだ、海上安全の船魂《ふなたま》観音でもある。江戸時代、参勤交代で浦戸湾から船で発つ歴代の土佐藩主・山内氏も、出立の際には必ずこの寺に参詣し、船旅の安全を祈願したという。

山上のこの寺は海上を行く船からもよく目立ち、古くは灯台の役割も果たしていた。まさに船乗りにには心強い存在だったろう。弘法大師が彫ったこの観音像は拝観できないが、本堂の扉は開かれており、静かな笑みをたたえるお前立ちの観音さまを拝むことができる。

●土佐湾を一望する境内

高台の境内からは海岸の風景と雄大な太平洋のパノラマが存分に眺められ、実に壮観だ。

眼下に土佐湾、遠く桂浜や浦戸大橋。潮の香りと眺めを存分に楽しみたい。

高台の寺から海を見下ろす

DATA

住 高知県南国市十市3084
☎ 088-865-8430
交 JR土讃線高知駅から徒歩10分のはりまや橋バス停からとさでん交通バス前浜車庫行き25分緑ヶ丘三丁目下車、徒歩30分。
P あり（無料） 宿坊 なし

大師堂と遍路

しっとりした雰囲気の境内

第33番札所

高福山《こうふくざん》 雪蹊寺《せっけいじ》

戦国武将長宗我部氏の菩提寺

■ご本尊　薬師如来
■ご詠歌　旅の道うえしも今は高福寺　のちの楽しみ有明の月

MAP P59

■32番禅師峰寺から
◆徒歩／ビニールハウスが目立つ田園風景のなかを行き、住宅地を抜ける。種崎渡船場から県営渡船を利用し（5分）、対岸の梶ヶ浦へ。禅師峰寺から種崎渡船場まで6㎞、1時間20分。梶ヶ浦渡船場から雪蹊寺までは1・4㎞、25分。
◆車／県道14号を利用、浦戸大橋を渡る。約10・5㎞、20分。
◆公共交通／禅師峰寺からバスではりまや橋に戻り、徒歩約5分の南はりまや橋バス停から長浜・桂浜方面行きバスに乗り換える。20分の乗車で長浜バス停下車、徒歩5分。

●幾度も変わった寺号

ご詠歌にもあるように、この寺は延暦年間（782〜806）に弘法大師によって開かれ、当時は高福寺《こうふくじ》といって真言宗の寺院だった。鎌倉時代には仏師の運慶《うんけい》とその息子の湛慶《たんけい》が訪れたという伝説があり、一時期、慶運寺と名乗ったこともある。

しかしその後、寺は荒廃。天正年間（1573〜1592）、荒れ果てたこの寺には老僧の幽霊が出没していた。そんな折にこの寺を訪れた月峰《げっぽう》和尚は、幽霊を成仏させてやった。当時土佐を治めていた戦国武将の長宗我部元親《ちょうそかべもとちか》はこの話を伝え聞き、月峰和尚を住職として寺を復興させ、元親の4男・盛親がここを菩提寺とした。四国らしからぬ雪蹊寺の寺号は、元親の法号（戒名）「雪蹊恕三大禅定門居士《せっけいじょさんだいぜんじょうもんこじ》」にちなんで改められたもの。真言宗だった寺はこのときに元親の信仰していた臨済宗に改宗。八十八ヶ所では珍しい禅寺である。

●重要文化財の仏像が並ぶ

石柱門が建つだけの山門から境内に入ると、右手に鐘楼、その奥に大師堂。大師堂の向かいには観音堂が建ち、正面には堂々とした雰囲気の本堂。本堂と大師堂の間から本堂の裏手へ行くと、長宗我部元親の長男信親の墓がある。本堂の前にはおびんずるさま。釈迦如来の一番弟子だった人で、神通力をもち、自分の体に痛むところがあるときは、おびんずるさまの同じところをなでると治るといわれ、なで仏として親しまれている。

霊宝殿には、運慶作という本尊の薬師如来像や、脇侍《きょうじ》の日光・月光菩薩像、湛慶作の毘沙門天像など重要文化財に指定された仏像が16体安置されている。

壮大な本堂（左）が印象的な境内。右は大師堂

DATA

住 高知県高知市長浜857-3
☎ 088-837-2233
交 JR高知駅から徒歩10分の南はりまや橋バス停からとさでん交通バス桂浜行き25分長浜下車、徒歩5分
P あり（無料）　宿坊 なし
※宝物館拝観は事前に要予約（当日予約は不可）、拝観料志納

第34番札所

種《たね》間《ま》寺《じ》

本尾山《もとおざん》 朱雀院《しゅざくいん》

安産のお薬師さんと子育て観音

■ご本尊　薬師如来

■ご詠歌　世の中に蒔ける五穀のたねま寺　深き如来の大悲なりけり

大師堂、奥に本堂

■33番雪蹊寺から
◆徒歩／丘陵地帯に広がる県道278号を中心に歩く。約7㎞、2時間40分。
◆車／県道278号を利用、約7㎞、15分。
◆公共交通／◆公共交通／長浜バス停からとさでん交通バス高知駅行き21分高知駅前下車。ここからはデータ覧の交通参照。

●開放的な雰囲気の境内

弘法大師が唐から持ち帰った五穀の種を蒔いたという伝承から名付けられた種間寺。田園風景のなか、用水路に沿った遍路道をたどっていくこの寺は、そんな伝承にふさわしい、たたずまいである。石柱門から境内に入ると、昭和45年（1970）に台風で被害を受けた後に再建された本堂、大師堂、観音堂、本坊などが建つ。

●四国屈指の古刹

この寺の歴史は古い。寺の始まりは、日本に仏教が伝来したばかりのころにさかのぼる。百《くだ》済《ら》（朝鮮半島）の仏師たちが暴風雨に遭ってこの地に漂着、帰国の海路安全を願って薬師如来を刻んだ。これを安置したのが寺の起源とされている。『今昔物《こんじゃくもの》語《がたり》』にも登場し、江戸時代には土佐藩主山内氏が厚く保護して栄えた。が、そうした名刹にも廃仏毀釈《はいぶつきしゃく》の嵐は吹き荒れた。寺は廃寺寸前まで衰退、明治13年（1880）に復興された。

観音像の周囲に底抜けの柄杓が並ぶ

現在のご本尊は創建伝承の仏像とは異なり、平安時代後期に作られたもの。しかし四国では数少ない藤原文化の仏像で、重要文化財に指定されている。通常は秘仏で、毎年3月8日に開帳される。

●底抜けの柄杓と安産の薬師如来

この寺は古くから安産にご利益ありとされ、信仰されてきた。本尊の薬師如来は一般的に病魔退散など医学を象徴する如来なので、安産も司ることになるのは不自然ではない。注目したいのは、子育観音が安置された境内の観音堂だ。ここには、底の抜けた柄杓《ひしゃく》が数多く奉納されている。妊婦が寺に安産祈願をすると、寺から授かるのがこの柄杓。妊婦はこれをお守りとして持ち帰り、無事に出産したら、再び寺に参拝してこの底抜け柄杓を奉納する風習が伝わっているのだ。

底抜けの柄杓が安産守りとなるのは、「底が抜けて（産道の）通りがよくなるように」とのことという。

DATA

住 高知県高知市春野町秋山72
☎ 088-894-2234
交 JR高知駅からとさでん交通バスJAはるの行き50分春野公民館前下車、徒歩10分
P あり（無料）　宿坊 なし

MAP P59

第35番札所

清《きよ》瀧《たき》寺《じ》

医《い》王《おう》山《ざん》 鏡《きょう》池《ち》院《いん》

巨大な薬師如来が出迎える

■ご本尊 薬師如来

■ご詠歌 澄む水を汲めば心の清瀧寺 波の花散る岩の羽衣

本堂と大師堂が並び、その前に高さ15mの薬師如来像が

MAP P59

■34番種間寺から

◆徒歩／田園風景のなかの道を進み、県道２７９号を経て仁淀川大橋を渡る。途中土佐市の中心部を通過するところがわかりにくいので注意。高知自動車道をくぐると急勾配の道を登る。約9・5㎞、3時間。

◆車／県道２７９号から国道56号、土佐市中心部を経て向かう。

◆公共交通／種間寺から徒歩45分の大橋北詰バス停からとさでん交通バス高岡営業所行き8分高岡高校通下車徒歩40分。

●急坂の八丁坂

清瀧寺は土佐市中心部の北方にそびえる清瀧山の中腹、標高１４０mの付近に建つ。参道はつづら折れの八丁坂。歩き遍路はミカン畑のなかをうねうねと縫う道を、息を切らしながら登っていくことになる。坂の後半は「流《る》汗《かん》坂」ともいう。真冬でも汗が噴き出る急坂ということだ。車の場合は仁王門の上まで登ることができるが、できれば自分の足で登ってみたい。

●仁王門は明治の建築

かなり急勾配の道に息を切らしながら進むと、突然目の前に仁王門が現れる。規模の大きな八脚《はっきゃく》門《もん》形式の門だが、単層で組《くみ》物《もの》もほとんど用いられておらず簡素な印象を受ける。手前の控柱の肘《ひじ》木《き》に竜の彫刻が施され、中央には明治時代に描かれた竜の天井画が見られる。土佐市の有形文化財に指定されている。車で駐車場まで登ってしまうとこの仁王門はくぐらないので、駐車場からいったん階段を下って、ぜひ、この仁王門に足を運びたい。

仁王門から奥にも石段が続く

仁王門には竜の天井画が

●遍路を出迎える薬師如来

仁王門の先には急勾配の石段が続く。石段を上っていくと少し広い場所に出て、そこが清瀧寺。ようやくの思いでたどり着いた遍路を迎えてくれるのは、高さ15mの大きな薬師如来立像。薬師如来像の基壇は、暗闇の中を手探りで進む「厄除け戒《かい》壇《だん》めぐり」が設けられている。薬師如来像の奥、石段を上ったところに本堂と大師

大師堂は大きな唐破風向拝が印象的

入母屋造、唐破風向拝と千鳥破風を持つ本堂

堂が並ぶ。本堂は入母屋造で唐破風《からはふ》向拝と千鳥《ちどり》破風《はふ》を持ち、壮麗な印象。大師堂は唐破風《からはふ》向拝が大きく、独特の造りになっている。

●仁淀川《によどがわ》を見下ろす

境内からの眺めは絶景。眺めの主役は仁淀川だ。宮尾登美子の小説で知られる仁淀川は、石鎚山に源を発し、土佐湾に注いでいる。その仁淀川が流れる高岡周辺ののびやかな田園風景は、遍路の足を止めさせる魅力がある。本堂から納経所へ向かう途中のトイレの屋上が展望所になっており、腰を下ろして眺望を堪能できる。

●寺名は弘法大師ゆかりの清水から

寺の名前の由来は、弘法大師がこの地で修行を行ない、満願の日に金剛杖で地面をついたら滝のように清水があふれ出た、という故事によるものだ。

●真如ゆかりの寺

本堂の手前左手のこんもりと茂った一帯には、高岳親王塔がある。高岳親王《たかおかしんのう》は平安時代の嵯峨天皇の第3皇子で、政変によって仏門に入った。弘法の十大弟子の一人、真如である。真如はここ清瀧寺には貞観3年（861）に嵐を避けて訪れ、翌年、唐へ渡った。真如自身は唐から天竺へ向かう途中で亡くなったと伝えられる。塔は上人が唐へ渡る前に、自ら建てた逆修塔という。一帯は「入らずの森」といわれ、立ち入ることはできない聖域となっていおり、遥拝所が設けられている。

高さ 15m の薬師如来像

真如の逆修塔の遥拝所

DATA

住 高知県土佐市高岡町丁568-1
☎ 088-852-0316
交 JR高知駅からとさでん交通バス高岡営業所行き51分高岡高校通下車、徒歩40分
P あり（無料） 宿坊 なし

石段の途中に仁王門がある。左には三重塔

本堂と大師堂が並んで建つ。本堂の前には不動明王の石像が

本堂へと続く長い石段

第36番札所

独鈷山《どっこさん》 伊舎那院《いしゃないん》 青龍寺《しょうりゅうじ》

高台に立つ海上安全の波切不動

■ご本尊 波切不動明王
■ご詠歌 わずかなる泉に住める青龍は仏法守護のちかいとぞ聞く

■35番清瀧寺から
◆徒歩／県道39号を南下、山間の道を歩く。距離の長い塚地坂トンネルは歩行者にとっては気分がいいものではない。トンネルを避けるなら西側の旧道の峠越えの道となる。13・9㎞、約4時間。
◆車／徒歩ルートと同じ。13・9㎞、25分。
◆公共交通／高岡営業所バス停からとさでん交通バス高知駅行き10分中島下車、とさでん交通バス宇佐行きに乗り換え20分宮前スカイライン入口下車。

高知県●修行の道場

MAP P59

●弘法大師の奇跡を伝える

青龍寺は、弘法大師が唐で修行中に師事した恵果阿闍梨《けいかあじゃり》の寺、青龍寺から寺号をいただいたという由緒ある名称だ。草創には次のような伝説がある。

唐での修行を終えた弘法大師は、帰国にあたって独古杵《どっこしょ》を東の空に投げ、「有縁の地にとどまりたまえ」と祈った。そうして大師は帰国の途につくのだが、日本へ戻る船に乗っていたときに暴風雨に襲われる。そこへ不動明王が現れて風雨を鎮め、無事に日本へたどり着くことができた。後に大師は四国をめぐっていたときにこの地で独古杵を発見。神仏の加護に感謝して不動明王像を刻み、これを本尊として小さな堂を建てたのだという。

●海上安全の寺

こうしたエピソードから、青龍寺は、荒波を除ける海上安全の波切不動として、漁民をはじめ多くの人々から信仰を集めてきた。

寺に向かう参道は山すそをくねくねと曲がりながら急坂を登る細道で、路傍には八十八仏と呼ばれる石仏が点在し、寺へ向かう遍路を迎えてくれる。やがて参道は石段となり、上る途中に仁王門が見える。仁王門左手の高台には三重塔。門をくぐると行場にもなっている滝がある。さらに長い石段を上っていくと正面に古びた本堂、左手には大師堂が建つ。あたりはビロウの木立に包まれ、初夏にはアジサイが美しく、山寺らしい雰囲気を感じさせる。

納経所は石段のふもと。かたわらには弘法大師の師である恵果阿闍梨を祀った阿闍梨堂も建つ。

朱塗りの三重塔

DATA

住 高知県土佐市宇佐町竜163
☎ 088-856-3010
交 JR高知駅からとさでん交通バス宇佐行き1時間宮前スカイライン入口下車、徒歩45分
P あり(無料)　宿坊 なし

■番外霊場　大善寺

須崎の市街地にある霊場。土讃本線の土佐新荘駅から歩いていくと、たてこんだ街なかに山門もなく大師堂があって、大師堂の脇から石段を登っていくと、二ツ石大師と呼ばれる修行大師像があり、さらに登ると鐘楼、その奥に本堂がある。

山麓の大師堂のあるあたりは、かつて海に突き出た岬で、波穏やかな干潮のときだけ歩くことができたという。波にさらわれて命を落とす人も少なくなかったといい、これを憂いた弘法大師が、遭難者の菩提を弔い、この地を旅する人々の道中安全を祈願して堂を建てたのがこの寺の起源とか。● JR 土讃本線土佐新荘駅から徒歩５分

横浪黒潮ラインからの眺め

第37番札所

岩《いわ》本《もと》寺《じ》

藤《ふじ》井《い》山《さん》 五《ご》智《ち》院《いん》

本堂の天井絵が印象的

■ご本尊
阿弥陀如来・観世音菩薩・不動明王・薬師如来・地蔵菩薩

■ご詠歌
六つのちり五つのやしろあらわして深き仁井田の神のたのしみ

遍路を迎える仁王門

入母屋造、銅板葺きの本堂

本堂のユニークな天井画

MAP P61

■36番青龍寺から
◆徒歩／土佐横波黒潮ラインを経て国道56号へ。約60km、18時間。
◆車／徒歩ルートと同じ。約60km、1時間30分。
◆公共交通／宮前スカイライン入口バス停からとさでん交通バス高岡営業所行き20分土佐市役所前でとさでん交通バス須崎出張所行きに乗り換え40分須崎駅下車。須崎駅からJR土讃線40分窪川駅下車。

●四国霊場唯一の5体のご本尊

岩本寺の始まりは、奈良時代に行基《ぎょうき》が開いた福圓満寺《ふくえんまんじ》にさかのぼる。福圓満寺は近くにあった仁井田《にいだ》明神の別当寺《べっとうじ》であった。弘仁年間（810〜824）、弘法大師がこの寺を訪ね、5つの社を建て、仁井田明神のご神体をそれぞれの社に分けて祀り、不動明王、観音菩薩、阿弥陀如来、薬師如来、地蔵菩薩を本地仏として安置。これが仁井田五社、すなわちご詠歌にうたわれた「五つの社」だ。福圓満寺は戦国時代に廃寺となり、地域の自社を管掌する岩本坊が法灯を引き継いだ。これが現在の岩本寺につながる。

●意匠もさまざまな天井絵

本堂は天井絵が美しい。昭和53年（1978）、全国から公募して集められた絵画575枚で、作風や題材もさまざま。伝統的な花鳥風月や梵字《ぼんじ》、仏像のほか、風景、人物、ヨットや抽象画など、寺院の装飾としては一風変わったものとなっている。天井画に女優マリリン・モンローが描かれている寺は日本全国でもおそらくここだけだろう。

境内はさほど広くはないが、堂々とした雰囲気の仁王門や、木造の円堂である歓喜天《かんぎてん》堂、大師堂などの堂宇が並び、風格を感じさせる。

●移動の道も修行の道

岩本寺は窪川駅からほど近い街中にある寺だが、隣り合った札所からはかなりの道のりになる。36番青龍寺からはおよそ60km。歩き遍路なら丸2日、車でも1時間30分はかかる。そして次の38番金剛福寺までは、四国札所では最長という90km以上の道のり。徒歩なら3日、車でも3時間近くかかる。土佐の札所は「修行の道場」と呼ぶが、この道のりを進むのは交通網の発達した現代でさえも「修行」と感じさせる。

DATA

住 高知県高岡郡四万十町茂串町3-13
☎ 0880-22-0376
交 JR土讃線窪川駅から徒歩10分
P あり(有料)
宿坊 個室と、襖で仕切る大広間(相部屋)があり、2食付き8800円～。一棟貸切として利用できる棟もあり、和室2室とリビングダイニング、バスルームを完備。1～2名で宿泊の場合1泊1棟3万円(3名～最大6名の場合、1泊1棟5万円)。

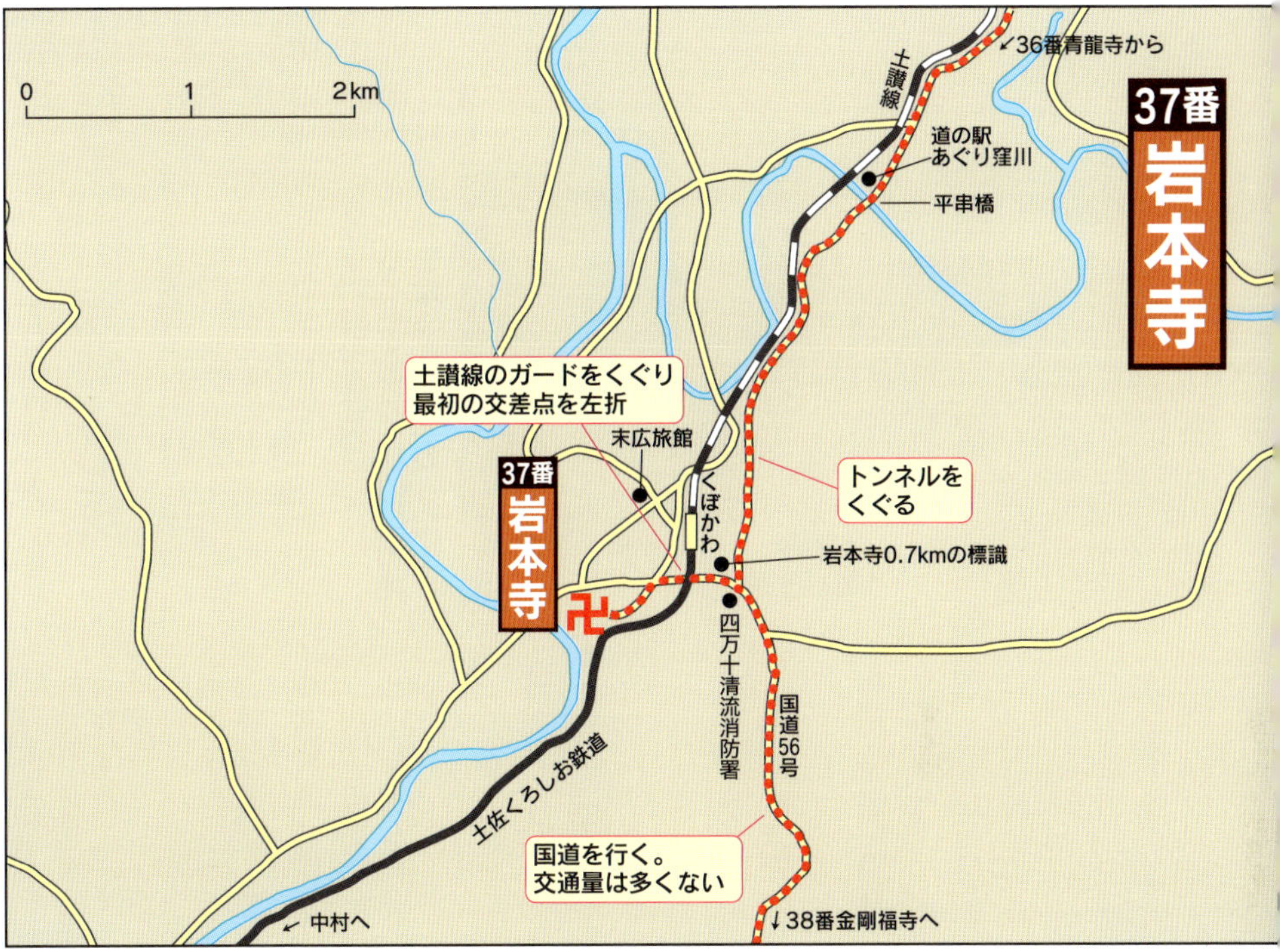
0 1 2km
土讃線
↙36番青龍寺から
37番
岩本寺
道の駅
あぐり窪川
平串橋
土讃線のガードをくぐり
最初の交差点を左折
末広旅館
37番
岩本寺
くぼかわ
トンネルを
くぐる
岩本寺0.7kmの標識
四万十清流消防署
国道56号
土佐くろしお鉄道
国道を行く。
交通量は多くない
← 中村へ
↓38番金剛福寺へ

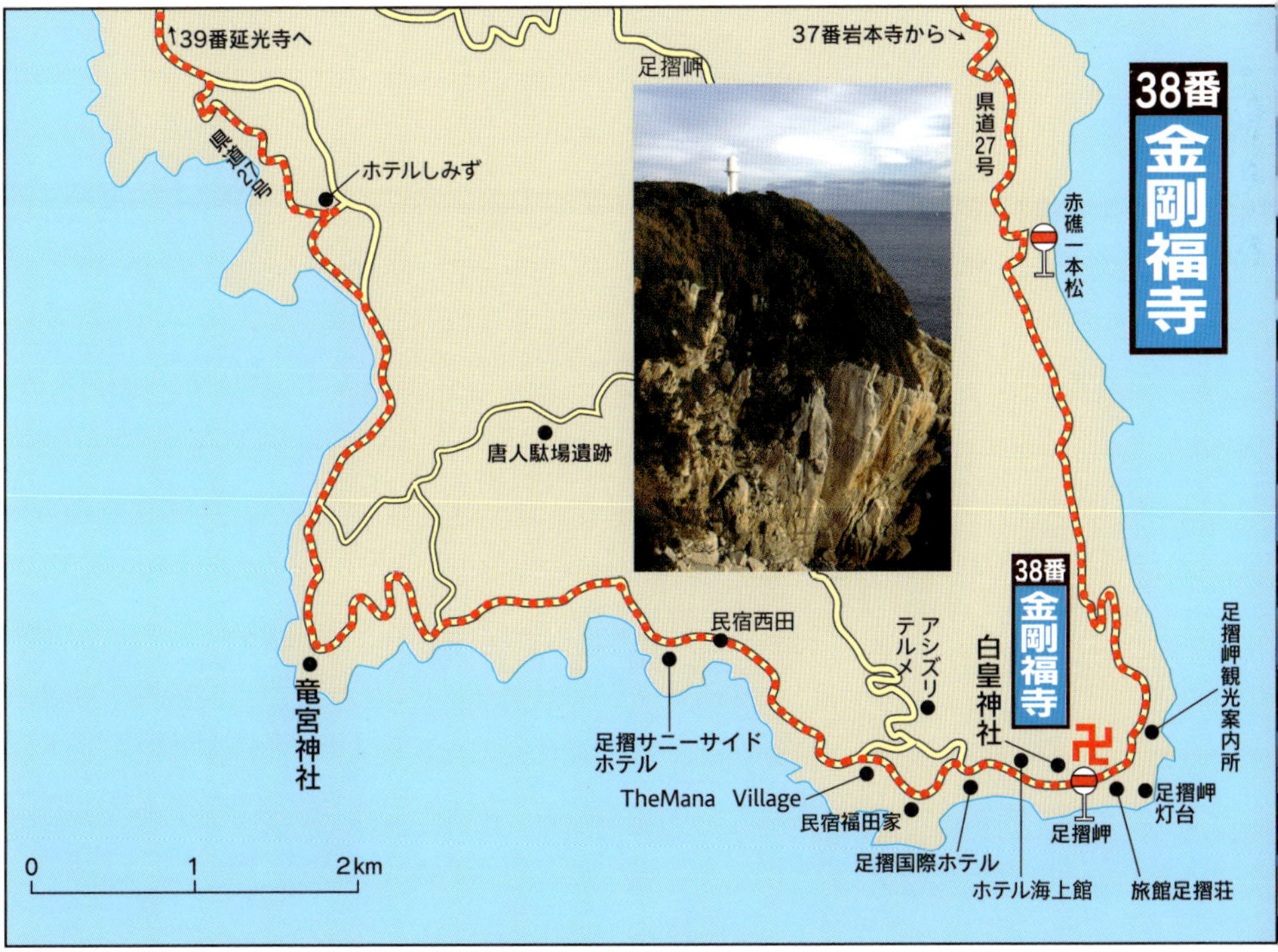
↑39番延光寺へ
足摺岬
37番岩本寺から↘
38番
金剛福寺
県道27号
ホテルしみず
県道27号
赤礁一本松
唐人駄場遺跡
38番
金剛福寺
民宿西田
アシズリテルメ
白皇神社
竜宮神社
足摺サニーサイドホテル
TheMana Village
民宿福田家
足摺国際ホテル
ホテル海上館
足摺岬
旅館足摺荘
足摺岬灯台
足摺岬観光案内所
0 1 2km

第38番札所

金《こん》剛《ごう》福《ふく》寺《じ》

蹉《さ》跎《だ》山《さん》 補《ふ》陀《だ》洛《らく》院《いん》

アコウなどの亜熱帯樹が生い茂る境内

■ご本尊 三面千手観世音菩薩

■ご詠歌 ふだらくやここは岬の船の棹 とるも捨つるも法のさだ山

寄棟造りの本堂

高知県●修行の道場

MAP P61

■37番岩本寺から
◆徒歩／国道56号、国道321号、県道27号経由。峠越えも多く長い道のり。95㎞、約30時間。
◆車／徒歩ルートと同じ。95㎞、約3時間。
◆公共交通／JR窪川駅から土佐くろしお鉄道1時間20分中村駅下車、高知西南交通バス足摺岬行き1時間50分足摺岬下車。

●四国最南端の札所

四国の最南端、断崖絶壁の上に白亜の灯台が建つ足摺岬《あしずりみさき》。その岬に臨む高台に金剛福寺は建つ。

足摺岬は四国を代表する観光地。金剛福寺の周辺にも、ホテルや食事処、みやげもの店などが並び、にぎわいをみせている。しかし一歩境内へ入ればその喧騒がうそのような静けさとなる。周囲をアコウやビロウの原生林が囲むなかに堂塔が点在する境内は、広くゆったりとした印象。岬の一帯3万6000坪がこの寺の寺域なのだという。

●補陀落《ふだらく》信仰の寺

ここは嵯峨天皇から「補陀洛東門」の勅額《ちょくがく》を賜った弘法大師が開いた寺。現在の仁王門に掲げられた額はそれを写したものとされている。

補陀洛は通常は「補陀落」と書く。補陀落信仰は平安時代ころから盛んになったもので、南方の海上にあるとされる観音の浄土「補陀落」の地に向かって祈りをささげるもの。和歌山県の熊野などで盛んであった。

熊野では補陀落渡海《とかい》といって、海のかなたの観音浄土を目指して沖へ小船を漕ぎ出すという行も行われていた。生きて再び帰ることのできない死出の旅だが、燃え上がる信仰心から荒海へ漕ぎ出した僧は何人もいたという。

ここ足摺もそうした補陀落渡海の場であった。金剛福寺の仁王門の「補陀洛東門」は、補陀落の地へ向かう門の意が込められているのだ。境内には熊野の神を祀る権現堂《ごんげんどう》も建てられている。

●地名の由来も補陀落渡海から

足摺岬という地名も、この補陀落の海に関することのようだ。鎌倉時代初期に書かれた『とはずがたり』には、次のような説話がある。

その昔、金剛福寺が住職と小僧二人が住むだけの寺だったころ。当時のこの岬は人里から遠く離れた、まさに辺鄙な場所。寺を訪れる人も少なく、二人は毎日の食事にも困窮する有様だった。あるときこの寺に旅の僧が訪れる。小僧は乏しい自分の食事をこの旅の僧に分け与え

補陀洛東門と呼ばれる山門

た。そんな小僧を、住職は叱る。「わずかしかない食糧をあのように分け与えていては、自分たちが食べるものがなくなってしまう」と。しかしそんな住職の小言にもかかわらず、小僧は旅の僧に食べ物を分け与え続けた。そんなことが続いたある日、旅の僧が礼を言って小僧を海辺へ誘い「わが住処へ案内しよう」と、観音菩薩の姿となって海のかなたへと連れて行った。それを見た住職は驚き足摺りをしながら泣き叫んだ、という。以来この岬は足摺岬と呼ばれるようになった、といわれている。

さまざまな堂宇が並ぶ境内。写真は手前が愛染堂、隣が本堂

多宝塔

権現堂

●平安時代、天皇家が信仰し栄えた

金剛福寺は平安時代後期には観音霊場として都の貴人の信仰を集めるようになった。このころ都の貴族たちの間では熊野信仰が盛んだったから、それと無関係ではないだろうが、歴代天皇家からも信仰が厚かった。また、平安歌人の和泉式部《いずみしきぶ》や、前述の『とはずがたり』の作者である、後深草院《ごふかくさいん》二条もこの寺を訪れている。そして藤原氏が土佐の荘園を寄進するなどして次第に寺は栄えていった。最盛期には境内に16の堂塔と22の社が建つ神仏混交の聖地となったという。江戸時代も土佐藩主山内家の保護を受け栄えた。明治の廃仏《はいぶつ》毀釈《きしゃく》によって衰えた時期もあったが、その後復興されている。

大師亀

●歴史を刻む堂宇

国道から仁王門をくぐって数段の石段を登ると、本堂や愛染堂《あいぜんどう》などの堂宇が見えてくる。右手の護摩堂の奥には多宝塔。この寺は源氏一門の信仰も厚く、多宝塔は大江山の酒呑童子《しゅてんどうじ》退治で知られる源頼光《みなもとのよりみつ》の父・満仲《みつなか》が、清和天皇の供養のため建立したとされている。現在の塔は明治時代に修復を受けたものだ。手水舎の水鉢には土佐藩主山内家の土佐柏の家紋が刻まれている。寛永16年（1639）の寄進という。

●弘法伝説の足摺七不思議

寺から足摺岬灯台へ向かう遊歩道は、椿が密生している「椿のトンネル」。2月が最盛期で、深紅の花が周辺を彩る。遊歩道沿いには、弘法大師ゆかりの伝説を伝える「大師の爪書き石」といった、足摺七不思議と呼ばれる旧跡も点在。

この七不思議のひとつに『亀呼び岩』がある。弘法大師が亀の背中に乗って海上の不動岩に渡り、祈願をしたという伝説にちなみ、建立されたのが「大師亀」。亀の頭をなでるとご利益があるという。

DATA

- 住 高知県土佐清水市足摺岬214-1
- ☎ 0880-88-0038
- 交 土佐くろしお鉄道中村駅から高知西南交通バス足摺岬行き1時間50分足摺岬下車、徒歩5分
- P あり(無料)
- 宿坊 20室、80名収容。宿坊の護摩堂で行われる朝のお勤めと法話は原則参加。1泊2食付き6500円程度。宿泊は必ず事前予約を。

道路から数段の石段を上ると単層の仁王門

大師堂

境内の石仏

第39番札所

延光寺《えんこうじ》

赤亀山《しゃっきざん》 寺山院《じさんいん》

山号の由来は釣鐘を背負った亀

■ご本尊
薬師如来

■ご詠歌
なむ薬師諸病悉除の願こめて
詣るわが身を助けましませ

■38番金剛福寺から
◆徒歩／県道27号・国道321号・国道56号を経由。すべてアスファルトの道、交通量は多い。約65㎞、約20時間。
◆車／徒歩ルートと同じ。約65㎞、2時間。
◆公共交通／足摺岬バス停から高知西南交通バス中村駅行き1時間52分終点下車、高知西南交通バス宿毛駅行きに乗り換え40分寺山口下車徒歩20分

高知県●修行の道場

MAP P65

●梵鐘を背負った石の亀

国道56号の寺山口バス停から北へ向かう道を進んで行くと、つきあたりが延光寺の仁王門。境内に入ると、右手に梵鐘《ぼんしょう》を背負った亀の石像が目に入る。亀が背負った梵鐘はこの寺の寺宝である銅鐘を模して造られている。石像のモデルとなった鐘は高さ33㎝ほどの小さなものだが、延喜11年（911）の銘がある。これは高知県では最古の梵鐘で、重要文化財に指定されている。延光寺にはアカウミガメが梵鐘を背負って竜宮城からやってきたという伝説があり、これが石像の由来。山号の赤亀山もこの伝説に由来する。

ちなみにこの重要文化財の鐘は高さ33㎝、口径24㎝ほどの小さなもの。明治の一時期、高知県議会議事堂に運ばれ、議会開催の合図の鐘として使われていたこともあるとか。なんとも豪快な、いかにも土佐らしいエピソードだ。

●開創は奈良時代

延光寺は神亀元年（724）、聖武《しょうむ》天皇の勅願によって行基《ぎょうき》が薬師如来を安置して寺を開創。延暦年間（782〜806）には弘法大師が来錫《らいしゃく》し、桓武《かんむ》天皇の勅願所とした。このとき大師は脇侍《きょうじ》として日光・月光の両菩薩を刻み、諸堂を整備したと伝わる。

赤亀像の先、石畳が本堂まで伸びている。正面右手に入母屋造の本堂、左奥には宝形造の大師堂が建っている。

本堂（右）と大師堂

39番 延光寺

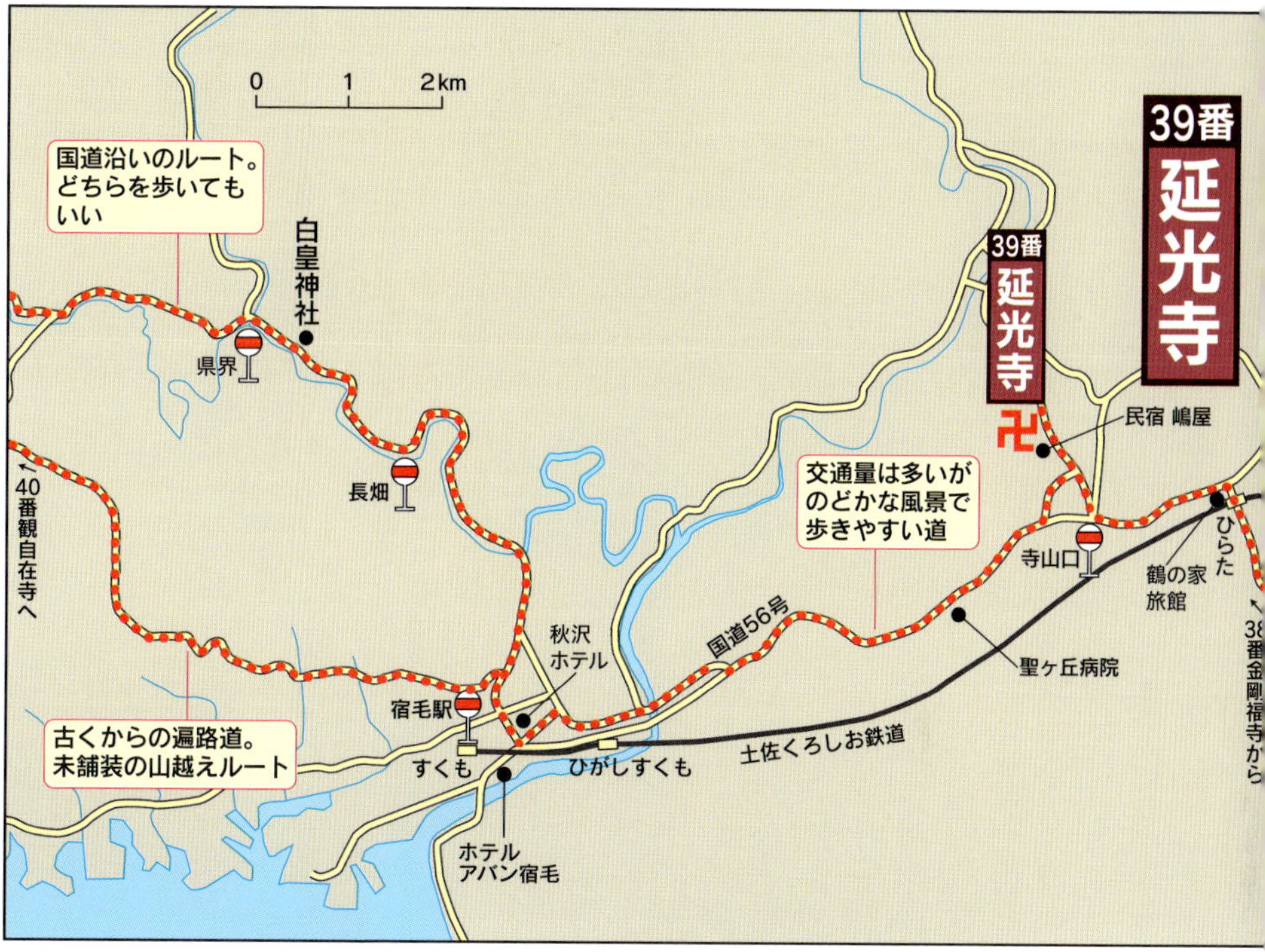

弘法伝説の眼洗い井戸

梵鐘を背負った石亀の像

●弘法大師の井戸

弘法大師がこの地を訪ねたとき、村人たちが水不足に悩んでいることを知り、錫杖《しゃくじょう》で地面を掘って清水を湧き出させたといわれている。この水は現在、本堂の脇にある「眼洗いの井戸」として残されていて、井戸の水で洗うと眼病が治るという。井戸の脇には石地蔵が建てられている。井戸の水はひんやりと冷たく、気持ちがいい。目を洗いながら一心に手を合わせる遍路も多い。

DATA

- 住 高知県宿毛市平田町中山390
- ☎ 0880-66-0225
- 交 土佐くろしお鉄道平田駅から徒歩40分
- P あり(無料)　宿坊 なし

第40番札所
平城山《へいじょうざん》 薬師院《やくしいん》
観《かん》自《じ》在《ざい》寺《じ》
「菩提の道場」伊予の一番寺

■ご本尊　薬師如来
■ご詠歌　心願や自在の春に花咲きて　浮世のがれて住むやけだもの

石柱門の先に本堂

MAP P67

■39番延光寺から
◆徒歩／国道56号を歩くか、古くからの遍路道（未舗装の山道）を歩くかどちらかになる。国道歩きの場合約30㎞、約9時間。古くからの遍路道は約28㎞、約9時間30分。
◆車／国道56号を走る。約30㎞、約50分。
◆公共交通／延光寺から徒歩20分で寺山口バス停。高知西南交通バス宿毛駅行き16分宿毛駅下車。宇和島バス宇和島駅前行きに乗り換え40分平城札所前下車、徒歩5分。

●平城《へいぜい》天皇ゆかりの札所

この札所から四国霊場は伊予国《いよのくに》、愛媛県に入る。一番札所の霊山寺から最も遠い札所でもあり、「遍路の裏関所」ともいわれている。

このあたりは平安時代、京都東山の青蓮院門跡《しょうれんいんもんぜき》の荘園だったところで「御荘《みしょう》」という地名の由来にもなっている。寺はその御荘の街中。大同2年（807）、平城《へいぜい》天皇が父である桓武《かんむ》天皇の供養のため、弘法大師に創建させたと伝わる、平城天皇の勅願所である。この時大師は、一本の霊木から本尊の薬師如来と脇仏の阿弥陀如来、十一面観音菩薩を刻んで安置したという。

古びた山門は、何度かの火災もまぬがれた約200年前の建物で、「平城山」と書かれた扁額が印象的。この扁額《へんがく》は平城天皇の真筆とも伝えられている。

●境内に並ぶ十二支の守り本尊

延宝3年（1675）、火災で被害を受け、宇和島藩主の伊達宗利《だてむねとし》が再建。以来、宇和島藩主の祈願所となった。

境内は広々としており、仁王門をくぐると手水舎と鐘楼、その先に文殊堂があり、さらに数段の石段を上ると石柱門。石柱門の先、左手には生まれ年の十二支の守り本尊を刻んだ十二支守り本尊八体石仏があり、参詣者が水をかけてお参りをしている。本堂は昭和39年（1964）再建のコンクリート造り。大師堂は総ヒノキの

200年の時を重ねた山門

40番 観自在寺

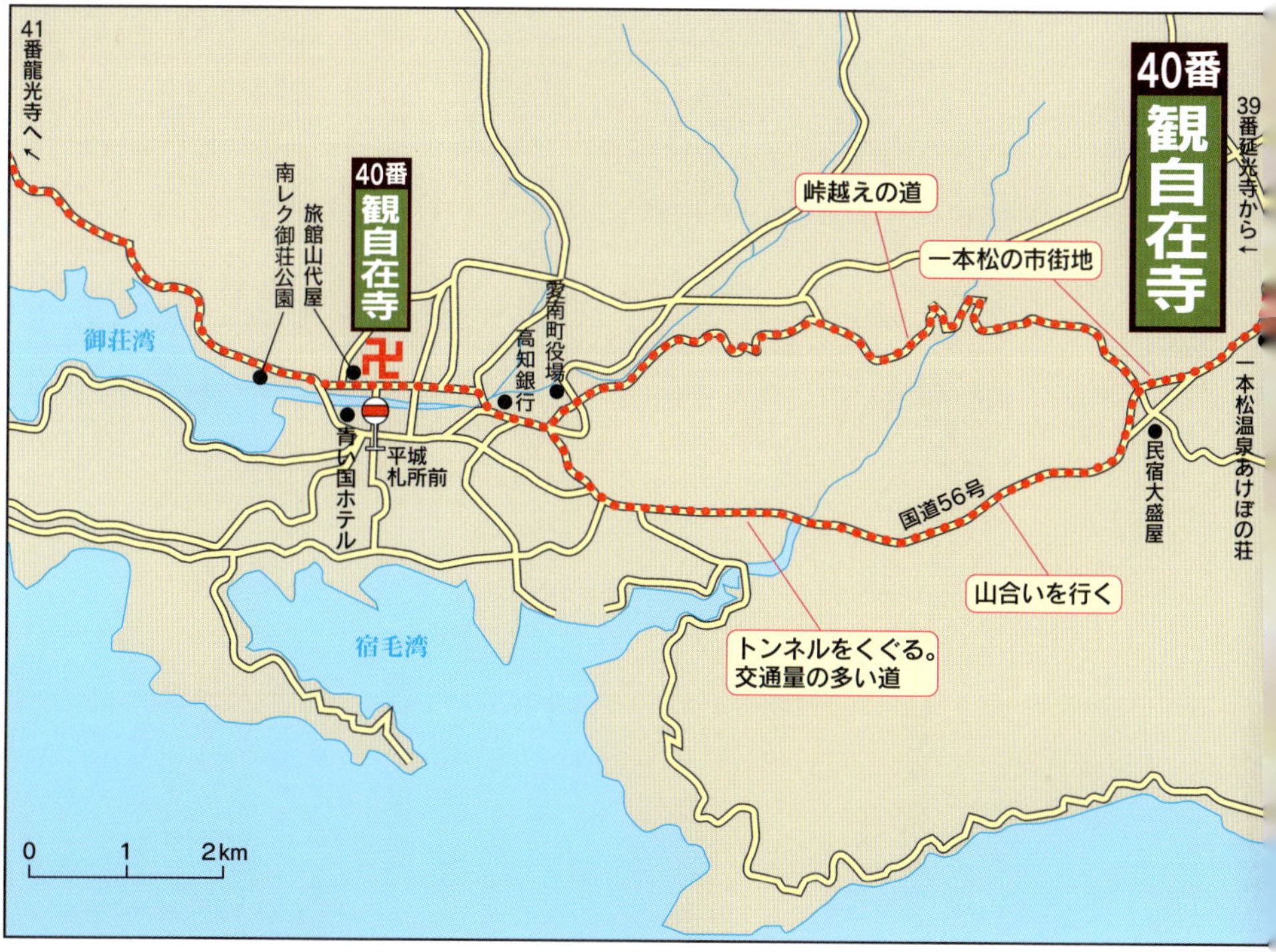

十二支の守り本尊八体仏

木造建築で、平成5年（1993）に改築されたもの。

●大師自作と伝わる御宝印守り

本堂には本尊の薬師如来が安置され、50年に一度の開帳という秘仏。次の開帳は2034年の予定という。本堂の前には「弘法大師御自作の御宝印守りをお受けください」との案内がある。弘法大師がこの寺を創建するとき、仏像を刻んだ木材の余材に「南無阿弥陀仏」の六字の印を彫った。これを宝判《ほうばん》（版木）とし、人々の病根を除く祈願をした。この宝判は現在も寺に伝わっており、お布施をするとさらし木綿に法判を刷り写したものを授与してくれる。これが弘法大師の御宝印守り。大師の霊力が込められており、特に諸病平癒や厄除けにご利益があるとされている。

境内にはほかに、平城天皇の遺髪を埋めたという石塔や、文殊菩薩・弁財天を祭った宝聚殿、苦しみを忘れさせ、楽な気持ちになれるというお忘れ地蔵・ぼっくり地蔵なども点在している。

DATA

- 住 愛媛県宇和郡愛南町御荘平城2253-1
- ☎ 0895-72-0416
- 交 JR宇和島駅から宇和島バス宿毛行き1時間15分平城札所前下車、徒歩5分
- P 駐車場　あり（無料）
- 宿坊 なし

第41番札所

神仏混交の面影が残る

稲荷山《いなりさん》 護国院《ごこくいん》
龍《りゅう》光《こう》寺《じ》

■ご本尊　十一面観世音菩薩

■ご詠歌　この神は三国流布の密教を守り給わむちかいとぞきく

石段の頂上に神社の鳥居が見える。写真の柱門の左右に本堂と大師堂がある

■40番観自在寺から
◆徒歩／国道56号を歩く。途中、昔ながらの遍路道も一部ある。宇和島から先は県道57号。大半は交通量の多い舗装路歩きだ。約50㎞、約15時間。
◆車／国道56号・県道57号を走る。約50㎞、約1時間20分。
◆公共交通／観自在寺最寄りの平城札所前バス停から宇和島バス宇和島行き1時間12分宇和島駅前下車、JR予土線に乗車15分務田駅下車、徒歩15分。

MAP P69

●独特の伽藍配《がらんはいち》

三間平野を見下ろす小高い丘の上に建つ札所。お堂に向かう石段の上に見えるのは、寺の山門ならぬ神社の鳥居。その鳥居に向かって参道の石段がまっすぐ伸びている。石段を上りつめたところにあるのは稲荷神社の社殿だ。この稲荷神社に向かう途中に平地があり、龍光寺の堂宇はこの階段途中の平地に建てられている。参道を中心にして左に本堂と納経所、右に大師堂。神社の社殿に向かう石段の中ほどに寺がある、という配置なのだ。

●古くは稲荷寺として栄えた

こうした堂宇の配置が物語るように、この霊場はもとは稲荷神社だった。寺伝によれば、大同2年（807）、弘法大師が稲束を背負った稲荷神の化身と出会い、その姿を尊像として刻み、また稲荷神の本地仏《ほんじぶつ》として十一面観音菩薩も祀った。当時は神仏混交《しんぶつこんこう》だったため、稲荷寺として信仰されていたのだ。以来五穀豊穣の神として、そして四国霊場の鎮守の神として歴史を刻んできた。

しかし、明治の神仏分離によって、かつての本堂は稲荷神社の本殿となった。仏教色を感じさせるものは本殿から運び出され、十一面観音を安置する本堂や弘法大師を祀る大師堂は、新しく建て直されることになったのだ。

●三間のお稲荷さん

本堂には稲荷神の本地仏でもある本尊の十一面観音が安置されている。

本地仏とは、八幡や稲荷、熊野などの神々とは、如来や菩薩といった仏が姿を変えて現れたものとする考え。いってみればお稲荷さんと十一面観音を同一の神仏とする考え方である。

稲荷神社から見下ろす境内。大きな屋根が本堂

石段の途中の平地に本堂と大師堂が並んで建つ

DATA

住 愛媛県宇和島市三間町戸雁173
☎ 0895-58-2186
交 JR予土線伊予宮野下駅から徒歩15分
P あり(無料)　宿坊 なし

■番外霊場　龍光院

南予の中心都市、宇和島の市街地にある霊場。山門はなく、門前の駐車場から 111 段の石段が高台の本堂へまっすぐに延びる。煩悩（ぼんのう）の数である 108 段に、過去・現在・未来の三世を意味する 3 段を加えた数なのだとか。石段を登る途中には石仏がちらほらと見える。山内を一巡する新四国百八ヶ所お山めぐりの石仏だ。

本堂や大師堂には竪三つ引両の紋が見られる。この家紋は宇和島藩主伊達家のもの。龍光院が建つ場所は宇和島城の鬼門にあたり、宇和島伊達家初代の秀宗（ひでむね）が、鬼門除けのために建立したのがこの寺だ。高台の境内からは、市街地の中のこんもりと茂った小山に宇和島城の天守閣が見える。

■ JR 予讃線宇和島駅から徒歩 5 分。

宇和の町並

第42番札所

一《いっ》㻶《か》山《ざん》 毘《び》盧《る》舎《しゃ》那《な》院《いん》 佛《ぶつ》木《もく》寺《じ》

牛に導かれて弘法大師が仏像を刻んだ寺

■ご本尊 大日如来

■ご詠歌 草も木も仏になれる仏木寺 なおたのもしき鬼畜人天

宝形屋根の本堂は珍しい

愛媛県●菩提の道場

MAP P69

■41番龍光寺から
◆徒歩／県道31号を歩く。約2・7km、約45分。
◆車／徒歩ルートと同じ。約2・7km、約5分。
◆公共交通／龍光寺から徒歩10分の石ヶ鼻バス停から三間地区コミュニティバス大藤線仏木寺方面行き3分仏木寺下車（バスは平日に1日3便のみ）。

●弘法大師の伝説

地元の人が親しみをこめて「大日《だいにち》さん」と呼ぶこの札所は、その名の通り大日如来が本尊である。これには次のような伝説がある。

大同2年（807）のこと。弘法大師はこの近くで牛を連れた老人に出会い、大師は老人に誘われるまま牛に乗せてもらうと、そのまま牛に導かれてクスノキの巨木の前に着いた。その梢に光るものを見つけた大師が近づくと、それは宝珠だった。かつて大師が唐での修行を終え日本へ帰国する際、「縁のある土地に届くように」と東の空に投げたものとそっくりだったのだ。

この不思議なめぐり合わせに大師は仏縁を感じ、そのクスノキを刻んで大日如来像を刻み、宝珠を仏像の眉間に納めて白毫《びゃくごう》とした。山号は宝珠を果実に見立てたことから、寺号はクスノキの巨木から仏像を刻んだことから、そしてその仏像が大日如来だったことから、大日如来の別名である毘盧舎那《びるしゃな》（毘盧遮那《びるしゃな》）を院号としたという。

●萱葺き屋根の鐘楼

こうした由来から、本尊の大日如来は、地元では牛馬の守り本尊として信仰されてきた。山門をくぐって境内に入ると、四国では珍しい茅葺き屋根の鐘楼。元禄年間（1688〜1704）の再建といわれ、四国札所では屈指の歴史的建造物でもある。鐘楼から本堂への参道には不動堂や聖徳太子堂が建ち、その先にあるのが本堂。享保13年（1728）に吉田藩主・伊達若狭守によって再建された建物といわれる。本堂に安置されている本尊大日如来は秘仏。大師堂に安置されている弘法大師像は檜の寄木造りで、正和4年（1315）の銘が入っている。これは胎内銘入りの大師像としては日本最古のものとされている。

本堂の脇には家畜堂というお堂もある。農家の人々が奉納した数多くの小さな牛の像には、村で働いてくれた牛馬への感謝の思いが込められている。

鐘楼は茅葺きだ

DATA

住 愛媛県宇和島市三間町則1683
☎ 0895-58-2216
交 JR予土線伊予宮野下駅から徒歩30分）。また、平日のみ1日3便、三間地区コミュニティバス大藤線が運行（15分で仏木寺バス停、下車徒歩3分）。
P あり（無料） 宿坊 なし

第43番札所

源光山《げんこうざん》 円手院《えんじゅいん》 明石寺《めいせきじ》

源頼朝ゆかりの古刹

■ご本尊　千手観世音菩薩

■ご詠歌　聞くならく千手ふしぎのちかいには　大磐石も軽くあげ石

石垣で囲まれた高台に本堂や大師堂が建つ

愛媛県●菩提の道場

MAP P69

■42番佛木寺から

◆徒歩／県道31号を歩き、歯長峠越えは未舗装の山道（県道を歩いて峠をトンネルで進むこともできる）。峠を下ったら川沿いの県道29号へ。約11㎞、約4時間。

◆車／県道31号から県道29号へ。約10・5㎞、約30分。

◆公共交通／佛木寺から徒歩約40分、森ヶ鼻バス停より宇和島バス約20分、宇和島駅前下車、JR予讃線に乗り換え39分卯之町駅下車。なお、森ヶ鼻へは仏木寺バス停からコミュニティバスで15分だが、コミュニティバスは1日2便のみ。

●女神の伝説

この寺は「めいせき寺」と呼ばれているが、このあたりの地名が「あげいし」であり「あげいし寺」と呼ばれることもあったようだ。千手観音の化身といわれる女神が、深夜、丘の上のこの寺に巨大な「石」を運び「上げ」たという伝説がその由来である。

縁起によると寺の始まりは欽明《きんめい》天皇の時代というから、6世紀の半ば、日本への仏教伝来と相前後して建てられた古い寺院ということになる。天平6年（734）には紀州熊野から十二社権現を勧請《かんじょう》、十二坊が建てられ修験の道場となった。その後荒廃したが、弘法大師が弘仁13年（822）に再興。建久5年（1194）には源頼朝《みなもとのよりとも》が池禅尼《いけのぜんに》（平清盛の継母で頼朝の命を助けた女性）の菩提を弔うために堂を建て、山号を源光山に改めたと伝えられている。頼朝ゆかりの寺ということで武家の信仰を集め、戦国時代には領主西園寺《さいおんじ》氏の祈願所、江戸時代には宇和島藩主伊達《だて》氏の祈願寺として栄えた。

●明治の再建となる壮大な本堂

杉木立の中の坂道を登っていくとやがて石段があり、右手に本坊を見ながら石段を上っていくと仁王門。仁王門をくぐると石垣に囲まれて高くなった一帯があり、奥に本堂や大師堂、鐘楼が建っている。本堂は明治の再建で、正面の唐破風の格天井には、信徒が奉納した天井絵がはめ込まれている。本尊の千手観音像は秘仏。

仁王門の手前で脇へ進んでいくと、山際に弘法大師石像があり、その前に弘法大師が修行をしたという弘法井戸がある。

本堂は明治の再建で、唐破風が壮大な印象

堂々とした雰囲気の仁王門

DATA

- 住　愛媛県西予市宇和町明石205
- ☎　0894-62-0032
- 交　JR予讃線卯之町駅からタクシー5分（徒歩40分）
- P　あり（無料）
- 宿坊　なし

第44番札所

菅《す》生《ごう》山《さん》 大《だい》覚《がく》院《いん》

大《だい》寶《ほう》寺《じ》

深い森に囲まれた山間の札所

■ご本尊 十一面観世音菩薩

■ご詠歌 いまの世は大悲のめぐみ菅生山 ついにはみだのちかいをぞ待つ

堂々としたたたずまいの本堂

MAP P73

■43番明石寺から
◆徒歩／国道379号、国道380号などを中心に歩く。一部未舗装の道もある。約85㎞、約25時間。
◆車／国道56号、国道379号、国道380号を走る。約84㎞、約3時間。
◆公共交通／卯之町駅からJR予讃線1時間松山駅下車、駅前からジェイアール四国バス久万高原線1時間10分久万中学校前下車。

●中間の札所

43番札所の明石寺からこの44番大寶寺への道のりは長い。経由地にもよるが、およそ85㎞の道のり。足摺岬の38番金剛福寺へ向かう道のりの95㎞には及ばないが、38番への道は海岸沿いで標高差もさほどではないのに対し、44番への道は山間部を通り、複数の峠越えもある。実質的には四国札所最大の難所である。

44番札所ということで、札所の数の上では中間だが、距離の上ではここまでで全行程の3分の2を過ぎている。

●3度の火災を乗りこえた

寺の歴史は古い。寺号の「大寶」は創建された大宝元年（701）にちなむものだ。弘仁年間（810〜824）に弘法大師が訪れて秘法を行ない、札所に定めた。

仁平2年（1152）、火事に見舞われる。その4年後、後白河《ごしらかわ》法皇が病気平癒祈願のために勅使をここへ派遣した。病が治ったので、勅願寺とし、伽藍《がらん》の再建も行われた。最盛期には48の僧坊を持つ巨大な寺院となったが、戦国時代の兵火で伽藍を焼失。元禄年間（1688〜1704）に松山藩の寄進で再興するも明治7年（1874）に火災に遭い、大正時代に再興された。こうして3度の火災を乗り越えたのである。

そんな大寶寺は、うっそうと茂った杉木立の参道をいく菅生山の山上にある。坂道を上っていくと、仁王門にたどり着く。門の左右で睨みをきかせる金剛仁王は室町時代の作とされる。仁王門から坂道を上っていくと、森閑とした雰囲気のなか、本堂や大師堂、鐘楼、興教大師堂などが建ち並んでいる。

大師堂と傍らに建つ十一面観音像

DATA

住 愛媛県上浮穴郡久万高原町菅生1173
☎ 0892-21-0044
交 JR松山駅からジェイアール四国バス久万高原線1時間8分久万中学校前下車、徒歩20分
P あり（無料）
宿坊 10室、150人収容。総ヒノキ造りの建物。地元の野菜を使った精進料理が楽しみ。お勤めは自由参加。要予約。団体客のみで空室があれば個人も可。1泊2食付6600円程度。

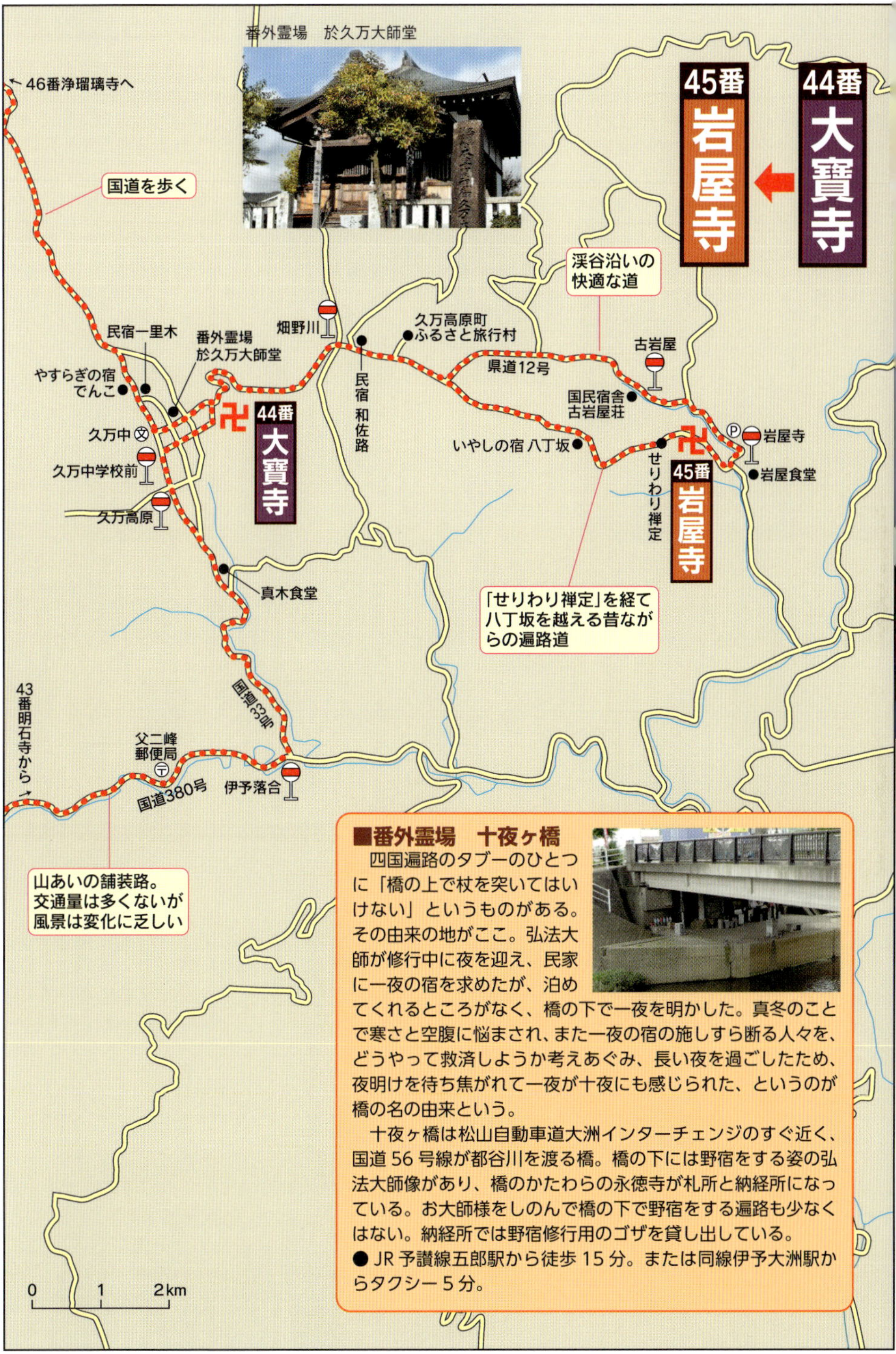

■番外霊場　十夜ヶ橋

四国遍路のタブーのひとつに「橋の上で杖を突いてはいけない」というものがある。その由来の地がここ。弘法大師が修行中に夜を迎え、民家に一夜の宿を求めたが、泊めてくれるところがなく、橋の下で一夜を明かした。真冬のことで寒さと空腹に悩まされ、また一夜の宿の施しすら断る人々を、どうやって救済しようか考えあぐみ、長い夜を過ごしたため、夜明けを待ち焦がれて一夜が十夜にも感じられた、というのが橋の名の由来という。

十夜ヶ橋は松山自動車道大洲インターチェンジのすぐ近く、国道 56 号線が都谷川を渡る橋。橋の下には野宿をする姿の弘法大師像があり、橋のかたわらの永徳寺が札所と納経所になっている。お大師様をしのんで橋の下で野宿をする遍路も少なくはない。納経所では野宿修行用のゴザを貸し出している。

● JR 予讃線五郎駅から徒歩 15 分。または同線伊予大洲駅からタクシー 5 分。

前方の岩山全体がご本尊という山岳信仰の寺

本堂。覆いかぶさるような大岩壁が印象的だ

第45番札所

海《かい》岸《がん》山《ざん》 岩《いわ》屋《や》寺《じ》

切り立った大岩壁に抱かれた寺

■ご本尊 **不動明王**

■ご詠歌 **大聖の祈る力のげに岩屋 石の中にも極楽ぞある**

愛媛県●菩提の道場

MAP P73

■44番大寶寺から
◆徒歩／主に県道12号を歩くが一部未舗装の遍路道も。約10㎞、約3時間。
◆車／県道12号を走る。約12㎞、約25分。駐車場から本堂までは徒歩約25分。
◆公共交通／大寶寺から徒歩20分の久万営業所から伊予鉄南予バス面河行き17分岩屋寺下車。

●現代に残る難所の札所

岩屋寺の参道入口にはみやげもの店や茶店が並んでちょっとした観光地のような雰囲気になっている。しかし、そこから参道へと進むと、あたりは一変し、うっそうとした杉木立のなかを歩くようになる。その雰囲気はまさに登山道の趣だ。

車で札所めぐりをしている遍路もここでは昔ながらの遍路道を身をもって知らされることになる。ほとんどの札所が車ですぐ近くまで行かれるようになった現在では、数少ない、歩かされる札所といっていい。

●山の寺に「海岸山」の山号がある理由

しばらく行くと山門。傍らには石碑が立っている。弘法大師が詠んだ歌が刻まれていて、「山高き谷の朝霧海に似て　松吹く風を波にたとへむ」とある。谷間にたゆたう霧を海に見たて、岩山を島とし、そこに生える松の木を揺らす風は波に見立てている。この岩屋寺が奥深い山の中の寺であるにもかかわらず「海岸山」の山号を持つのは、この歌に由来するのであった。

●修験の寺を思わせる険しい風貌

山門からさらに長い坂道と266段ものきつい石段が続く。道のところどころには石仏もあって、霊場らしさを感じさせる。入口から20分あまり歩くと、ようやく寺の建物が見えてくる。切り立った岩壁を背後にして堂宇が建つさまは、いかにも修験の場といった険しい雰囲気だ。

四脚門形式の壮大な山門。この先も266段の石段が続く

●山全体が本尊

本堂など寺の建物は明治31年（1898）に火災で多くを焼失してしまい、現在の本堂は昭和2年（1927）に再建されたものだ。昭和の建築とはいえ、ここではそのたたずまいに引き込まれてしまう。背後にそそり立つ岩山が建物の上まで大きくせり出して迫る。それは巨大な自然の屏風《びょうぶ》を立てたかのようだ。

本堂から少し離れて木立に囲まれて建つの

岩壁の行場（法華仙人堂跡）へハシゴで上っていく

重要文化財の大師堂は本堂より大きな建物

は、大正9年（1920）に再建された大師堂。本堂よりもひとまわり大きな堂々とした建物。和洋折衷の特異な意匠ということで、国の重要文化財に指定されている。本堂よりも大師堂が大きいのは四国霊場では珍しいが、これは山全体が本尊とされているからである。いってみれば、本堂は拝殿や遥拝所《ようはいじょ》のような存在で、巨大なご本尊様に抱かれていくつかの堂宇が建っているということだ。

●法華仙人の伝説

伝承によれば、はるか昔、この山は法華《ほっけ》仙人という女性が修行をした場所。弘仁6年（815）に弘法大師が修行の霊地を求めて入山したところ、法華仙人と出会った。仙人は大師に帰依し、山全体を大師に献じて大往生を遂げる。

そこで大師は不動明王の木像と石像を刻み、木像は堂を建てて安置し、石像は岩山に封じ込めて岩山全体を聖地としたのがこの寺の始まりと伝えられている。

●法華仙人堂跡

本堂に覆いかぶさるような岩壁をよく見ると、上部には岩窟がいくつもある。この岩窟も行場だ。岩窟のうち本堂に近いひとつには、本堂の脇に架けられたハシゴで上がっていくことができる。法華仙人堂跡だという。

ハシゴを上がって岩窟に入ると、岩窟に小さな五輪塔が置かれている。ここからは境内を一望できるが、不安定なハシゴということもあって、眺めを楽しむというよりはやはり足がすくんでしまう。本堂のすぐ脇には穴禅定《あなぜんじょう》と呼ばれる洞窟もある。弘法大師の行場の跡とされ、大師自らが掘ったという「独鈷《どっこ》の霊水」と呼ばれる湧き水がコンコンと湧いている。

洞窟では「かなえる不動」と立て札が立ったものもある。ここは、不動明王の霊験によって、あらゆる災厄をはじめ、悪縁を断ち切るところ、多くの遍路が参拝していく。

●大師が修行をした場

大師堂の奥に続く山道を300mほど登った先には、大師が修行をしたと伝えられる逼割禅《せりわりぜん》定《じょう》がある。巨大な岩の割れ目に設けられた入口の木戸は施錠されているので、あらかじめ寺から鍵を借りてから行くことになる。木戸を開けると、岩山にかけられた鎖を頼りに岩山を登り、さらにハシゴを使って頂上へ向かう。鎖場は落差が10mほどもあり、かなりハード。まさに修行の場だ。

DATA

住 愛媛県上浮穴郡久万高原町七鳥1468
☎ 0892-57-0417
交 JR予讃線松山駅からジェイアール四国バス久万高原線1時間8分久万中学校前下車、徒歩1分の伊予鉄久万営業所から伊予鉄南予バス面河行きに乗り換えて17分岩屋寺下車、徒歩25分
P あり(有料)　宿坊 なし

MAP P73

本堂前にそびえるイブキビャクシンの古木

大師堂

第46番札所

医王山《いおうざん》 養珠院《ようじゅいん》 浄瑠璃寺《じょうるりじ》

「ご利益のよろず屋」と親しまれている寺

■ご本尊　薬師如来
■ご詠歌　極楽のじょうるり世界たくらへば
受くる苦楽はむくいならまし

■45番岩屋寺から
◆徒歩／いったん44番方向へ戻り、国道33号を松山市方面へ。途中の三坂峠で国道を離れ、山道を下る。峠から3㎞ほど下ると御坂川に沿った舗装路に出る。この道が県道207号。道なりに進んで関谷の集落から県道194号へ。約28㎞、約8時間。
◆車／県道12号を44番方面へ戻り、国道33号を松山市方面へ。三坂道路（トンネル）を経て、砥部町役場前の先「浄瑠璃寺→」「八坂寺→」の表示がある交差点を右折、えひめこどもの城入口を過ぎ、県道194号との出合い信号を右折。県道194号を南下する。約33㎞、約45分。
◆公共交通／岩屋寺バス停から伊予鉄バス久万行き25分久万営業所下車、ジェイアール四国バス松山行きに乗り換え20分塩ヶ森下車、約3㎞、徒歩45分。

MAP P77

●大師ゆかりの古木

浄瑠璃寺は和銅元年（708）に行基《ぎょうき》が薬師如来を刻んだことを始まりとする古刹だが、住宅地のなかにたたずむさまは、親しみやすい雰囲気。道路から数段の石段を上がると、そのまま境内へと導かれる。境内には、弘法大師が加持《かじ》したと伝わる樹齢1000年のイブキビャクシンが葉を茂らせている。弘仁3年（812）に弘法大師が訪れ、堂宇を修復して寺観をととのえ、四国霊場に定めた。

●庶民信仰の寺

現在の本堂は天明5年（1785）に再建された歴史的建築物。地元の庄屋から僧になった堯音《ぎょうおん》の尽力によるもので、堯音は第45番札所の岩屋寺から松山への道中に橋を架けたことで知られる人物だ。

参道の途中には釈迦如来の足型を刻んだという「仏足石《ぶっそくせき》」がある。素足で踏めば健脚のご利益が望めるという。仏足石は各地の寺院で目にすることができるが、参詣者が踏むことができるのは多くはない。ほかにも境内には、知恵や技能のご利益がある「仏手石《ぶっしゅせき》」、文筆達成の願いがかなうという釈迦の指紋を刻んだ「仏手花判《ぶっしゅけはん》」などの釈尊ゆかりの聖跡がある。

また、人生に知恵の灯を照らしてくれる燈菩薩や、九つの災難を救ってくれるという薬師如来の九横封じ石、豊作や延命にご利益がある籾《もみ》大師など、庶民信仰に根ざしたご利益スポットもある。こうしたことからこの寺は「ご利益のよろず屋」とも呼ばれている。

釈迦の足跡という仏足石

DATA

住 愛媛県松山市浄瑠璃町282
☎ 089-963-0279
交 伊予鉄道松山市駅バスターミナルから伊予鉄バスえひめこどもの城行き40分西野下車、徒歩40分
P あり（無料）　宿坊 なし

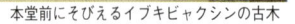

■番外霊場　文殊院

文殊院は四国遍路の元祖といわれる衛門三郎ゆかりの寺。四国八十八ヶ所の47番八坂寺から48番西林寺へ向かう途中にあり、八十八ヶ所巡拝の遍路も大勢が立ち寄っていく。

縁起によれば、衛門三郎は8人の愛児を失って自らの罪深さに目覚め、大師に懺悔、贖罪のため遍路に出発。21回目の巡拝の際に弘法大師と再会。大師は衛門三郎の子供の供養と悪因の縁切りを行ない、衛門三郎は伊予の国主に生まれ変わることができた。その衛門三郎旧宅へ寺を移し、河野家の菩提所としたのがこの寺、とされている。

こぢんまりした境内には本堂、毘沙門堂、大師堂が並び、大師堂に向き合うようにして修行大師像と衛門三郎夫妻の像。近くには衛門三郎の子供たちの墓といわれるハツ塚がある。ハツ塚は実際には古墳であるといわれている。

●予讃線松山駅から市電5分の伊予鉄松山市駅から伊予鉄バスえひめこどもの城行き40分西野下車、徒歩25分。またはJR松山駅からタクシー30分。

浄瑠璃寺本堂

八坂寺境内の地蔵尊

入母屋造の本堂

第47番札所

役行者が開いた札所

熊《くま》野《の》山《ざん》 妙《みょう》見《けん》院《いん》

八《や》坂《さか》寺《じ》

■ご本尊 阿弥陀如来

■ご詠歌 花をみて歌詠む人は八坂寺 三仏じょうのえんとこそきけ

■46番浄瑠璃寺から
◆徒歩／住宅地を行く。約0・8km、約15分。
◆車／徒歩ルートと同じ道。約0・8km、約3分。
◆公共交通／この区間にはない。

MAP P77

●8つの坂を切り開いて建てられた

のどかな田園風景のなかに建つ八坂寺。整備された境内が印象的な、明るい雰囲気の札所だ。その起源は、修験道の開祖である役行者《えんのぎょうじゃ》が開いた山岳修験の道場。大宝元年（701）に文武天皇の勅願寺として伽藍《がらん》が建立された。

創建のころの境内地は現在の場所から南に1km ほど行った大友山の上だったと伝えられており、8つの坂を切り開いて建てたことからこの名がある。弘仁6年（815）に弘法大師が訪れて四国霊場に定めた。山号の熊野山はのちに熊野信仰も加わって熊野権現の聖地ともされたから。

戦国時代に戦火に遭って伽藍の多くを焼失してしまうが、のちに再興して現在の場所に移転してきた。

●本尊は50年に一度のご開帳

太鼓橋と一体になった山門をくぐって境内に入ると、右手に納経所があり、本堂へと石段が続いている。

本堂は鉄筋コンクリート造りの新しい建物。堂内に安置されている本尊の阿弥陀如来像は、恵心僧都《えしんそうず》の手によるものとされる。

恵心僧都は平安時代中期の僧で、のちの浄土宗の考えの基礎を作った人物。本尊は50年に一度のご開帳という秘仏で、次に拝観できるのは2034年という。

本堂の左手には閻魔《えんま》堂と大師堂。閻魔堂の脇には人一人がやっと通れるくらいの狭いトンネルがあり、トンネルの壁には地獄と極楽の姿が描かれている。本堂の右手には石仏が並べられた一角があり、そのかたわらに熊野権現堂が建つのは神仏混交だった時代の名残といえよう。

この寺から次の48番札所に向かって1kmほど歩くと、文殊《もんじゅ》院という古刹がある。文殊院は、伝承によれば、四国遍路の元祖といわれる衛門《えもん》三郎《さぶろう》の屋敷跡。托鉢に訪れた弘法大師に非常な仕打ちをしたため大師の怒りに触れ、大師に許しを請うため四国の寺を巡拝して歩いたという。

DATA
住 愛媛県松山市浄瑠璃寺町八坂773
☎ 089-963-0271
交 伊予鉄道松山市駅から伊予鉄バスえひめこどもの城行き40分西野下車、徒歩40分
P あり（無料）
宿坊 なし

向唐門の造りが印象的な山門

第48番札所

大師ゆかりの泉「杖の渕」が近くに残る

清滝山《せいりゅうざん》 安養院《あんよういん》
西林寺《さいりんじ》

■ご本尊　十一面観世音菩薩
■ご詠歌　みだぶつの世界をたずねゆきたくば
西の林の寺にまいれよ

小さな太鼓橋の向こうに仁王門が建つ

境内の白玉地蔵

■47番八坂寺から
◆徒歩／県道194号、県道207号を歩く。約4・9㎞、約1時間20分。
◆車／徒歩ルートと同じ。約4・9㎞、約10分。
◆公共交通／西野バス停へ戻り、伊予鉄バス砥部線15分森松下車、伊予鉄バス森松・横河原線に乗り換え4分杖ノ渕公園前下車、徒歩10分。

●弘法大師がもたらした水の恵み

西林寺の創建は天平13年（741）。行基《ぎょうき》が一堂を建て十一面観音を刻んで安置したのが始まりという。創建の地は現在の場所よりもやや西だったというが、大同2年（807）に現在地へ移したのが弘法大師である。

このとき弘法大師は近くの農家で飲み水を求めたが、そのころは日照続きで付近には水はなかった。農夫は遠くの泉まで出かけて水を汲んできて大師に飲ませた。この農夫の心に報いようと大師は一心に祈り、地面に錫杖《しゃくじょう》を突き立てると、そこから清水が湧き出したという伝承が語り継がれている。現在、西林寺の門前には小川が流れているが、この小川をはじめ、あたり一帯に流れる清流は大師の恵みの水とされる。

●伊予の関所寺

西林寺には古来、伊予《いよ》の関所寺という異名がある。寺の門前に流れる小川には、小さな太鼓橋の西林寺橋が架かる。この橋を渡ると仁王門があり、橋からは石段を下って仁王門へと向かう。周囲の土地よりも低い場所に寺があるのだ。そのため、仁王門は無間地獄《むげんじごく》の入り口にたとえられ、罪深いものが境内に入ると奈落の底へ落ちていくという伝承が生まれた。だから関所寺なのだ。

仁王門をくぐると、右手には大日如来を祀った遍照殿があり、いかにも関所寺らしい雰囲気。現在の本堂は元禄年間（1688～1704）の火災の後、宝永4年（1707）に再建された。大師堂は文化10年（1813）、仁王門は天保14年（1843）と復興していったのだ。

西林寺の南西200mほどのところには前出の大師伝説を伝える「杖の淵」があり、名水百選にも選定されている。

この清流にはテイレギと呼ばれる水生植物が自生している。正しくはオオバタネツケバナ。このあたりでは刺身のツマなど料理の付け合せに使われている水草で、春には白い花を咲かせる。

本堂と大師堂が並んで建つ

DATA

住 愛媛県松山市高井町1007
☎ 089-975-0319
交 伊予鉄道郊外電車横河原線久米駅から伊予鉄バス久米・窪田線12分高井局前下車、徒歩10分
P あり（無料）　宿坊 なし

MAP P77

第49番札所

西林山《さいりんざん》 三蔵院《さんぞういん》 浄土寺《じょうどじ》

空也上人ゆかりの札所

■ご本尊　釈迦如来
■ご詠歌　十悪のわがみをすてずそのままに浄土の寺へまいりこそすれ

単層の仁王門。奥に本堂が見える。本堂は室町建築で重要文化財

愛媛県●菩提の道場

■48番西林寺から
◆徒歩／住宅地を行く舗装路。約3.5km、約1時間。
◆車／県道40号を走る。約3.5km、約8分。
◆公共交通／西林寺から徒歩10分の高井局前バス停から伊予鉄バス久米駅前行き12分久米駅前下車徒歩10分。

MAP P81

●空也《くうや》上人立像

大正11年（1922）再建という仁王門をくぐって境内へと進むと、入り口のあたりに、松山出身の俳人正岡子規《まさおかしき》の句碑がたたずむ。「霜月の空也は骨に生きにける」と詠んだ句碑だ。空也とは、平安時代の高僧で、市井《しせい》をめぐって布教活動に努め、「市聖《いちのひじり》」と呼ばれた人物。天徳年間（957〜961）に四国へ布教に訪れた際、この寺に3年間滞在し、四国に念仏思想を広めていったのだ。

村人たちは空也をしのび、浄土寺のある一帯を「空也谷」と呼んだ。本堂には、上人自らが刻んだという空也上人立像があり、国の重要文化財。上人が「南無阿弥陀仏」の念仏を唱えたら、その一文字ずつが仏となったという逸話を表現し、口から6体の弥陀仏が吐き出されている、という変わった意匠の像だ。ちなみにこの像は、上人が晩年に建立した京都・六波羅蜜寺《ろくはらみつじ》に伝わる空也上人像と同様の意匠となっている。

●本堂も国の重要文化財

空也上人像のある本堂の建物も国の重要文化財。文明年間（1469〜1487）にこの地の豪族であった河野通宣《こうのみちのぶ》によって建てられたもので、寄棟《よせむね》の簡素な建築ながら、室町様式らしい力強い印象を与える建物だ。

堂内に安置された厨子も同じ年代のものでこれも重要文化財だが、非公開。

●四国札所の中でも有数の歴史

寺の歴史も古い。創建は天平年間（729〜749）といわれ、孝謙《こうけん》天皇の勅願所となって60あまりの末寺を持つ大寺院となるが、やがて荒廃、のちに弘法大師によって再興されるが、応永4年（1397）に兵火に遭って伽藍の大半を焼失。その後に再建されたのが、現在の本堂である。

境内はゆったりとした印象で本堂の右手には大師堂、左手には観音堂と阿弥陀堂が建てられている。寺の周囲は緑に覆われ、こんもりと茂った森に囲まれて堂宇が建つさまに安らぎを感じる。

本堂（左）と大師堂が並んで建つ

DATA
- 住　愛媛県松山市鷹子町1198
- ☎　089-975-1730
- 交　伊予鉄道郊外電車横河原線久米駅から徒歩10分
- P　あり(有料)　宿坊　なし

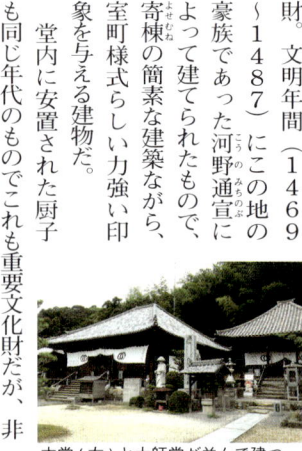

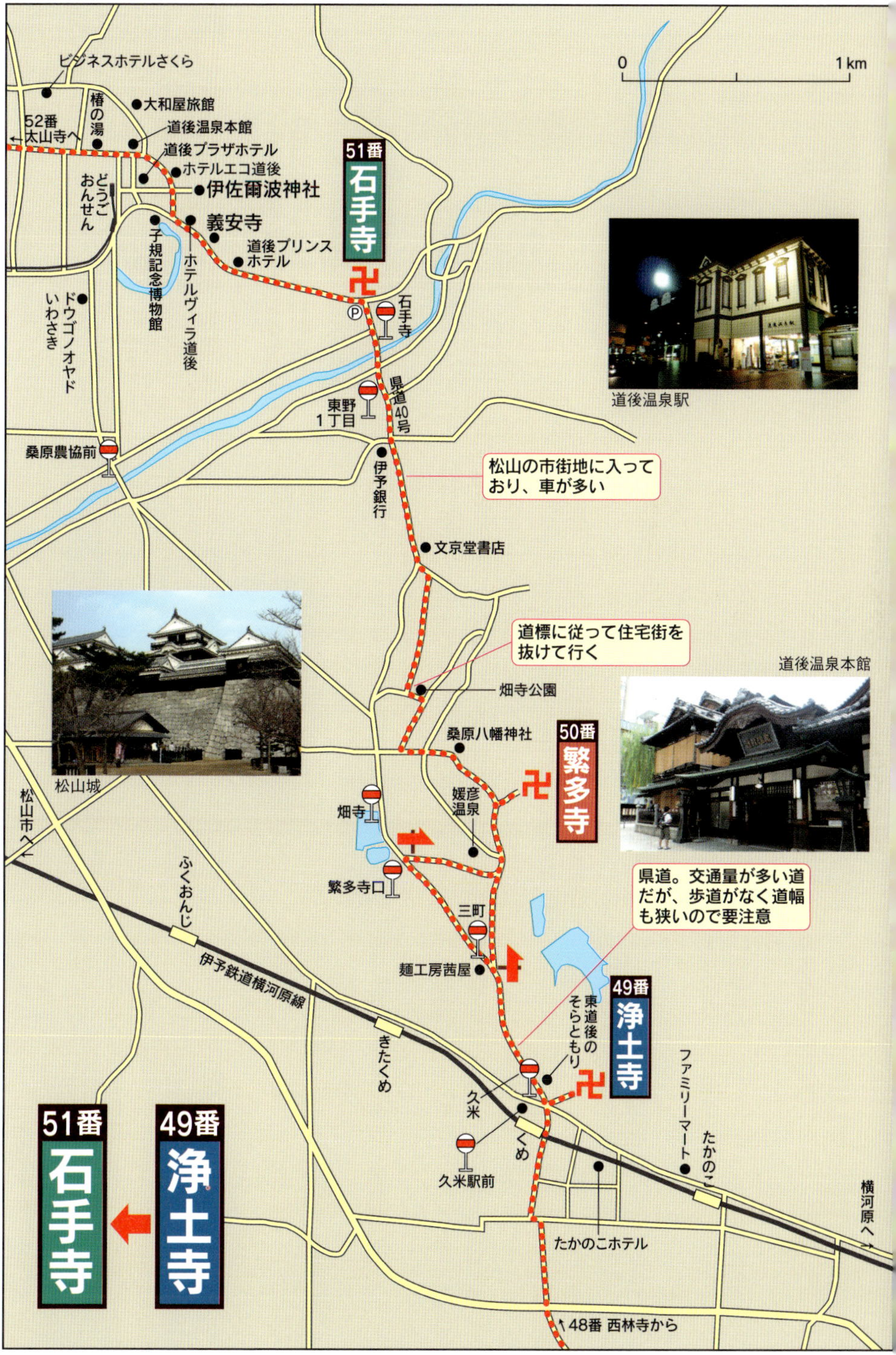
0
1km
ビジネスホテルさくら
椿の湯
大和屋旅館
52番 太山寺へ
道後温泉本館
道後プラザホテル
ホテルエコ道後
伊佐爾波神社
どうごおんせん
義安寺
子規記念博物館
ホテルヴィラ道後
道後プリンス ホテル
ドウゴノオヤド いわさき
51番
石手寺
P
石手寺
県道40号
東野1丁目
桑原農協前
伊予銀行
松山の市街地に入っており、車が多い
文京堂書店
道標に従って住宅街を抜けて行く
畑寺公園
桑原八幡神社
50番
繁多寺
媛彦温泉
畑寺
繁多寺口
松山市へ
ふくおんじ
伊予鉄道横河原線
三町
麺工房茜屋
県道。交通量が多い道だが、歩道がなく道幅も狭いので要注意
49番
浄土寺
東道後のそらともり
きたくめ
久米
くめ
久米駅前
ファミリーマート
たかのこ
横河原へ
たかのこホテル
48番 西林寺から
51番
石手寺
49番
浄土寺

道後温泉駅

松山城

道後温泉本館

第50番札所

東山《ひがしやま》 瑠璃光院《るりこういん》

繁《はん》多《た》寺《じ》

「踊り念仏」の一遍上人ゆかりの札所

■ご本尊　薬師如来

■ご詠歌　よろずこそ繁多なりとも怠らず　諸病なかれと望み祈れよ

高麗門形式は城郭には多いが、寺院には珍しい

愛媛県●菩提の道場

MAP P81

■49番浄土寺から

◆徒歩／県道40号を歩く。道幅が細いが交通量は多く、車に注意しながら歩く。しばらく進んで道標に従って三叉路を右へ。なだらかな坂道を上がっていく。約1・6㎞、約30分。

◆車／県道40号を走り、三町点滅信号のところから右折。約2㎞、約5分。

◆公共交通／浄土寺から徒歩5分の久米バス停から伊予鉄バス松山駅行き5分繁多寺口下車、徒歩10分。バスの時間によっては歩くほうが早い。

●奈良時代から歴史を刻む

松山市の郊外、小高い丘の上に建つ繁多寺。創建については諸説あるが、天平勝宝年間（749〜757）に孝謙《こうけん》天皇の勅願所として行基が薬師如来を刻んで開いたと伝えられる。弘仁年間（810〜824）には弘法大師がこの地に巡錫《じゅんしゃく》、長逗留したともされる。

寺号についても諸説があり、天皇から多くの幡《はた》を賜ったので「幡多寺」とされたことに由来するというが、寺が「光明寺」と号したこともあるようで、これは施薬院の設置などを実施した孝謙天皇の母・光明皇后の意向を汲んで薬師如来を安置したとも推測できる。

なお、このあたりの地名は「畑寺」。かつて、山の上に奥の院があり、山すその畑のなかにこの寺があったということで、寺の住所も「畑寺町」である。これも「繁多寺」の寺号と無縁ではないかもしれない。

●皇室との結びつきも深い

鎌倉時代には後宇多《ごうだ》天皇の勅命で元寇の敵軍退散の祈祷が行われ、室町時代には、後小松天皇の意向で皇室の菩提寺だった京都泉涌寺《せんにゅうじ》の僧・快翁が住職としてこの寺にやってくるなど、皇室との結びつきも深く、最盛期には120の末寺を抱える巨刹となっていたという。

戦国時代に長宗我部氏の兵火に遭って荒廃するが、江戸時代に入って天和年間（1681〜1684）ころ、龍湖《りゅうこ》という名僧が徳川将軍家との縁を得て復興を果たした。

●八十八ケ所では珍しい高麗門

現在の境内は大寺院だった当時の面影をしのばせるかのように広々としているが、その入り口となる山門は簡素なたたずまいの高麗門《こうらいもん》である。ちなみに高麗門は、2本の親柱（門柱）の上部に左右に腕木《うでぎ》を渡して切妻屋根を乗せ、親柱の背後にそれぞれ控柱を建て、親柱と控柱の間にも小さな切妻屋根を設けた形式の門。つまり、上から見ると屋根がコの字型になっている門だ。この形式は、京都御所の蛤御門《はまぐりごもん》や中建売御門《なかたてうりごもん》などと同じ形式。このため、この門は一説には御所の門になぞらえて建てられたともいわれている。

●広々とした境内

石段を上って高麗門をくぐる。境内は広々と

神仏習合を実感する聖天堂

大師堂（右）と本堂、左奥は聖天堂

しており、大寺だった往時をほうふつとさせる。本堂や鐘楼、大師堂などの建物は、正面奥の一段高くなったところに見える。周囲には木々の緑が広がり、春は桜、初夏にはフジの花、秋の紅葉など四季折々の風情も楽しめる。夏に訪れた遍路は、藤棚の脇のボダイジュが放つ心地よい香りに心安らぐだろう。

本堂右手には宝形造《ほうぎょうづくり》の大師堂が建つ。堂内をのぞくと、大師の坐像がライトアップされ、穏やかな表情をした大師ざまの顔を拝むことができる。大師堂の脇には弘法大師像が立ち、こちらの像も穏やかな顔でお遍路を迎えてくれるかのようだ。

●徳川家綱ゆかりの歓喜天《かんぎてん》

本堂の左手には鳥居が建ち、その奥にあるのは聖天堂《しょうでんどう》。ここでは聖天（歓喜天）を祀っている。この歓喜天像は徳川4代将軍家綱の念持仏だったものという。中興の祖である龍湖上人が徳川家綱の帰依を受け、この寺に安置されたものだ。その後も徳川将軍家との縁は続き、寺は栄えていった。寺領も寄進され、坊舎も数十と、数多く建ち並んだようだ。

ちなみに、歓喜天は、一般的には夫婦和合や子孫繁栄のシンボルとされているが、この寺の場合は商売繁盛や厄除などのご利益でも知られ、参詣する人も多い。

●一遍上人ゆかりの寺

鎌倉時代の僧で、時宗の開祖である一遍上人。伊予の豪族河野《こうの》道弘《みちひろ》の子として生まれ、幼いころに母を亡くし、12歳で大宰府へ修行の旅に出た。

上人はその後、諸国をめぐりながら人々に念仏を説きすすめる遊行の生活を送った。上人が行った念仏説法は「踊り念仏」。現代風にいうと一種のストリートパフォーマンスである。これが多くの民衆に支持された。一遍上人は、正応元年（１２８８）、亡父の追善供養のため、繁多寺に「浄土三部経」を奉納している。一遍上人はこの翌年、兵庫の観音島にある真光寺で51歳の生涯を終えた。

真言宗中興の祖とされる興教大師の像

緑豊かな高台にある繁多寺。境内からは松山城や松山市街が眺められ、はるか遠くには瀬戸内海も望める好展望だ。伊予の風景を楽しみながらゆっくりと坂道を下り、次の第51番札所を目指して歩いていこう。

DATA

住 愛媛県松山市畑寺町32
☎ 089-975-0910
交 ＪＲ予讃線松山駅から伊予鉄バス久米駅前行き25分繁多寺口下車、徒歩10分
P あり（無料）　宿坊 なし

熊《くま》野《の》山《ざん》 虚《こ》空《くう》蔵《ぞう》院《いん》
石《いし》手《て》寺《じ》

四国でも屈指の名刹

■ご本尊 薬師如来

■ご詠歌 西方をよそとは見まじ安養の寺にまいりてうくる十楽

三重塔、本堂いずれも国の重要文化財

MAP P81

■50番繁多寺から
◆徒歩／県道40号を歩く。周囲は松山市郊外の住宅地。約2・8km、約50分。
◆車／徒歩ルートと同じ道。約2・8km、約5分。
◆公共交通／繁多寺口バス停から伊予鉄バス松山駅前行き10分桑原農協前下車、同バス道後温泉行きに乗り換え8分石手寺下車というルートがあるが、バスの運行時刻によっては歩くほうが早い。

●奈良時代の創建

四国を代表する名湯道後《どうご》温泉の近くにあるため、遍路のみならず、多くの観光客が訪れる札所だ。寺の歴史は古い。石手寺刻板によれば、神亀5年（728）に堂宇が建立されたのが起源という。しかし、境内から出土した瓦を調査したところ、天智天皇の9年（670）ころには法隆寺系の荘園として寺院が建立されていたことがわかっている。弘仁4年（813）、弘法大師がこの地を訪れ、第51番札所に定めたといわれている。

平安時代から室町時代にかけて寺運は栄え、七堂伽藍《しちどうがらん》に36坊を持つという規模になったが、戦国時代に長宗我部《ちょうそかべ》氏の兵火に遭って伽藍の大半を焼失。しかし、現在も6万6000mの広大な寺域を有し、焼失をまぬがれた文化財の数々を今に伝えている。

●お遍路の元祖「衛門三郎」の伝説

この寺は当初は安養寺と称していた。それが現在の石手寺になった理由として語り継がれてきたのが、衛門三郎《えもんさぶろう》の伝説である。9世紀初めごろ、伊予の浮穴《うけな》郡荏原（現在の松山市）に衛門三郎という欲深い長者がいた。ある日、托鉢《たくはつ》にきた僧の鉢をとりあげて割った。この托鉢の僧こそ弘法大師だった。その後、衛門三郎の8人の男児が次々に亡くなってしまう。悪行を悔い、心を入れ替えた衛門三郎は四国巡拝の旅に出る。大師に会いたいと四国巡拝の旅を幾度も重ね、21回目の旅の途中で病に倒れる。そのとき、枕元に大師が立ち、「衛門三郎」と刻んだ石を左手に握らせると、三郎は安心して息をひきとったという。

のちにこの地方の豪族河野息利《こうのやすとし》に長男が生まれたが、赤ん坊は手を開かない。そこで河野家の菩提寺であるこの安養寺で願をかけたところ、手が開き、「衛門三郎」と書かれた石がでてきたという。これにちなみ、寺名を石手寺と改めた。

●仁王門は国宝

石手寺前の信号から境内へ入ろうとすると、小さなお堀があって、お堀に太鼓橋が架かっている。その橋から見ると、橋の脇に小さな石橋があるのがわかる。これは「渡らずの橋」。弘法大師が経文を刻んだとされていて、遍路がその橋を渡ることはすなわち、大師の経文を踏みつけることになり、足が腐るといわれているのだ。現在は、「渡らずの橋」の上には弘法大師像や地蔵石仏が並べられている。

参道は回廊になっていて途中には茶店などが並ぶ。その参道を進んでいくと、二層の仁王門。文保2年（1318）の建立と伝えられ、国宝となっている。左右でにらみをきかせている金剛力士像は仏師運慶《うんけい》の子、湛慶の作とされる。

仁王門をくぐった先に広がる境内には、仏世界を描いた曼荼羅《まんだら》のように三重塔釈尊を中心に五仏を配置して堂宇が建ち並ぶ。

国宝の壮大な仁王門。左右の仁王像は国指定重要文化財

重文の鐘楼

●多くの重要文化財

仁王門をくぐり、広々とした境内へ。ひときわ目をひくのは高さ約23mの三重塔。文保2年（1318）に河野氏によって再建されたものとされ、国の重要文化財に指定されている。このほか、境内には国の重要文化財建築物が4つある。三重塔と同じく文保2年に再建された本堂、元弘3年（1333）に再建された鐘楼（鐘も重文）、室町時代初期のものとされる護摩堂。

そして、鎌倉時代末期の建立で、安産祈願のお寺として親しまれている訶梨帝母《かりていも》天堂だ。

訶梨帝母天堂の前には小石が山のように積まれているが、これはこの堂が子どもを守る鬼子母神《きしもじん》を祀っているので、妊婦がここの石を持ち帰り、無事に出産すれば借りた石と別の石の2つを持参して感謝するという風習が今も続いている。

また、この寺では多数の寺宝を収蔵し、境内の宝物館で展示・公開している。宝物館の裏手の大講堂では、衛門三郎伝説の小石「玉の石」を見ることもできる。

護摩堂は蔀戸が特徴的

●洞窟八十八ヵ所

境内の奥には洞窟があって、洞窟内は49体の地蔵菩薩と、八十八ヵ所各寺の本尊を並べたミニ霊場となっている。薄暗い洞窟に地蔵や羅漢などが点在するさまは独特の雰囲気。洞窟は大師堂の裏手へと抜けていて、その先には大日如来を祀ったマントラ塔や、勢至《せいし》菩薩を祀った勢至堂、観音堂などがある。マントラ塔には五百羅漢も安置されている。境内にはほかに、道後温泉の湯の音が聞こえるという湯音石もある。

伝説の「渡らずの橋」

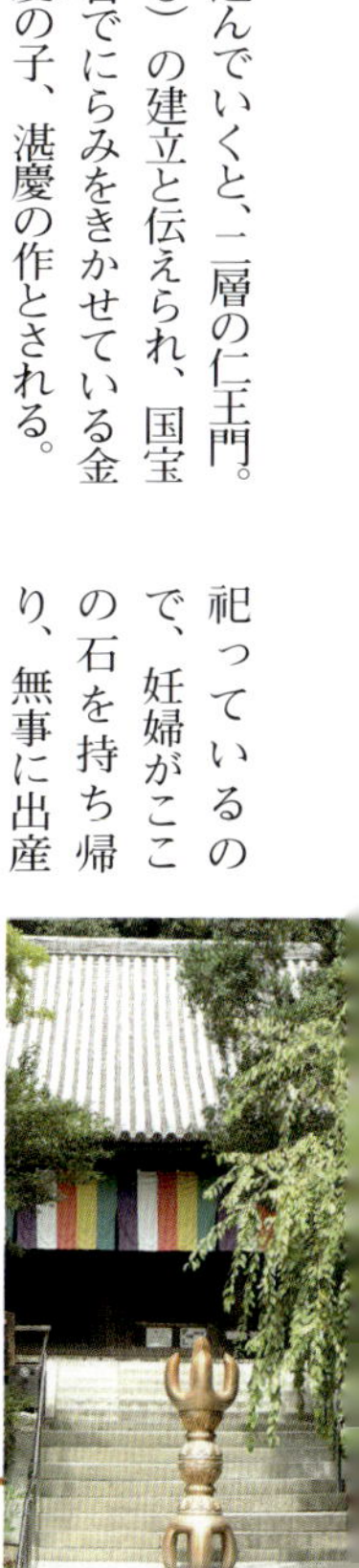

本堂前には巨大な五鈷杵が

DATA

- 住 愛媛県松山市石手2-9-21
- ☎ 089-977-0870
- 交 JR松山駅から伊予鉄バス奥道後・湯ノ山ニュータウン行きで石手寺下車徒歩2分
- P あり（マイカーのみ可、無料）
- 宿坊 なし

※宝物館は拝観料200円、洞窟八十八ヵ所は100円。団体の場合入山有料（個人は無料）

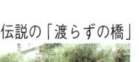

第52番札所

瀧雲山《りゅううんざん》 護持院《ごじいん》 太山寺《たいさんじ》

国宝や重要文化財の建物が点在

■ご本尊 十一面観世音菩薩

■ご詠歌 たいさんへのぼれば汗のいでけれど のちの世おもへばなんの苦もなし

重要文化財の仁王門

MAP P89

■51番石手寺から

◆徒歩／道後温泉の温泉街を抜け、住宅地を歩く。三津浜駅を過ぎるとあたりは農村風景になり、のどかな雰囲気になる。全体的に平坦な道だが、交通量は多い。約12km、約4時間30分。

◆車／道後温泉から松山市中心部を経て県道19号、県道183号を走る。約12・5km、約30分。

◆公共交通／石手寺バス停から伊予鉄バス松山駅前行き30分松山駅前下車、伊予鉄バス運転免許センター行きに乗り換え25分片廻下車、徒歩10分。

●3つの門を経て本堂へ

松山市の郊外、経《きょう》ケ森《もり》にある札所。住宅街のなかにある簡素な「一の門」をくぐり、ほどなく「二の門」である仁王門だ。仁王門は入母屋《いりもや》造、単層の八脚門《はっきゃくもん》で、連子窓《れんじまど》を用いていることや軒下の垂木《たるき》が並行になっていることなど、全体の様式は和様建築であるが、肘木《ひじき》の曲線は唐様を思わせる円弧のような曲線。こうした特長が鎌倉時代の様式を伝えているとして、国の重要文化財に指定されている。

●長い参道の先に四天王を祀る山門

仁王門をくぐり、木々に囲まれた参道を進む。仁王門から本堂まではさらに570m。この長さは四国霊場でもトップクラスだ。参道沿いには地蔵菩薩や薬師如来などの石仏が点在、霊場らしい雰囲気をかもし出している。かつて66坊を持つ大寺院だったころには、この参道沿いにも数多くの坊舎が建ち並んでいたのだろうか。

仁王門からしばらく歩くと右手に方丈や納経所があり、さらに進むと参道のつきあたりに修行大師の像。左手には十三仏を従えた大日如来像が遍路を出迎える。ここから石段を登ると「三の門」である山門がある。こちらは楼門形式の堂々とした門だ。門内には持国天《じこくてん》、増長天《ぞうちょうてん》、広目天《こうもくてん》、多聞天《たもんてん》の四天王を安置している。

冠木門形式の簡素な一の門

●本堂は国宝

山門をくぐると、正面に見えるのは本瓦葺きの重厚な趣の本堂。嘉元3年（1305）に再建されたもので、四国八十八ヵ所中、現存する本堂では2番目に古いとされるものだ。優雅な勾配を描く屋根が美しい。建物正面には8本の太い柱がどっしりと構え、柱の上部にはシンプルな印象の組物が、柱と柱の間には彫刻を施した透蟇股《すかしかえるまた》が置かれた和様の建築だが、仁王門と同様、組物や肘木のデザインは唐様である。鎌倉時代初期の様式を見せ、しかも規模が大きい（愛媛県内では最大級の木造建築）ことから、国宝に指定されている。

うす暗い堂内をのぞいて見ると、太い梁《はり》や虹梁《こうりょう》などが印象的だ。手前に板の間の外陣《げじん》があ

大師堂はこぢんまりとした建物

国宝本堂の古瓦

国宝の本堂

り、その奥は畳敷きの内陣、さらに上段の内内陣が続く。最奥の須弥壇《しゅみだん》には聖武天皇の勅願で行基が刻んだという本尊の十一面観音菩薩像を中央に、歴代天皇が勅納した6体の十一面観音菩薩が安置されているが、こちらは秘仏。いずれも国の重要文化財指定を受けている。お前立ちの仏像が遍路を迎えてくれる。

堂内のかたわらにはお香水がある。文殊菩薩にお供えした供養水で、持ち帰って仏壇にお供えすると、功徳があるとされている。

●聖徳太子堂

本堂に向かって右に聖徳太子堂がある。これは、聖徳太子が伊予を訪れた折、この寺に縁を持ったという伝承にちなむ。聡明さで歴史上に名を残す聖徳太子を祀るお堂とあって、受験生の参拝も多い。毎年1月の太子祭は受験シーズンが近いこともあり、多くの参拝者がしゃもじを持って訪れ、幸せを「すくいあげて」いく。

●諸堂が点在する広い境内

山門のかたわらに建つ鐘楼には、永徳3年（1383）鋳造という重要文化財指定の梵鐘《ぼんしょう》がある。本堂に向かって左には大師堂。本堂より一段高い場所に建てられている。大師堂の近くには、三重塔の礎石が残る。この礎石を新しいタワシでこすると、痔の痛みがなくなって治るという、ユニークな言い伝えもある。

大師堂の隣には長者堂という建物があるが、豊後《ぶんご》国（大分県）臼杵《うすき》の真野長者を祀るもの。この真野長者は太山寺の創設者と伝えられている人物だ。

●諸説ある創建の由来

伝承によると、用命天皇の時代（586～588）、真野長者が松山沖で暴雨風に遭ったが、「南無観世音菩薩」と唱えると、山の頂から光が差し、暴風雨が鎮まって難を逃れたという。長者はそのお礼に、松山瀧雲山の山腹に一堂を建てた。これが太山寺のルーツとされる。真野長者が報恩にむくいるため、一夜で本堂を建築したという伝説も語り継がれている。

その後、聖武天皇の勅願によって僧行基が十一面観音菩薩を刻んで本尊として安置したという。

9世紀初めに弘法大師がこの寺を訪れ、四国霊場に定めた。12世紀には七堂伽藍および66坊をもつ大寺院であったという。1000年もの歳月を経た今も、名刹としての風格あるたたずまいを見せている。

DATA

住 愛媛県松山市太山寺町1730
☎ 089-978-0329
交 JR松山駅から伊予鉄バス運転免許センター行き25分片廻下車、徒歩10分
P あり（無料）　宿坊 なし

第53番札所

キリシタン灯籠が残る札所

須《す》賀《が》山《さん》 正《しょう》智《ち》院《いん》 圓《えん》明《みょう》寺《じ》

■ご本尊 阿弥陀如来
■ご詠歌 らいごうのみだのひかりの円明寺 てりそふかげはよなよなの月

大師堂

入母屋造の本堂

鐘楼を兼ねた中門

■52番太山寺から
◆徒歩／県道183号を歩く。交通量が多いが、歩道のない場所もあり、要注意。約2・5㎞、約45分。
◆車／徒歩ルートと同じ道。約2・5㎞、約5分。
◆公共交通／太山寺から徒歩10分の片廻バス停から伊予鉄バス松山市駅行き3分和気駅前下車、徒歩3分。

●江戸時代に土地の豪族須賀氏が再興

住宅街の一角にある札所。創建は天平年間（729～749）という古刹である。聖武天皇の勅願で行基《ぎょうき》が阿弥陀如来を刻んで本尊として安置したのが始まりといわれる。当初は海岸にあり、海岸山圓明寺《えんみょうじ》と名乗っていた。その後、弘法大師が訪れて霊場に定めた。

寺は七堂伽藍《しちどうがらん》を構えて栄えたが、幾度もの兵火で焼失。復興がかなったのが寛永10年（1633）のこと。この地の豪族・須賀重久《すがしげひさ》が現在地に再建したことから、山号が須賀山と改められたという。

●八十八ヶ所では珍しいキリシタン灯籠

八脚門《はっきゃくもん》のこぢんまりした仁王門をくぐり、境内へ入ると左に大師堂、右に観音堂、鐘楼が建つ。観音堂には十一面観世音菩薩像があるが、これは中世に伊予《いよ》を治めていた河野《こうの》家の遺臣たちを弔うもの。慶長5年（1600）、河野家の再興のために決起して兵を挙げたが失敗し、全員討たれたのだという。

大師堂の裏手には高さ40㎝ほどの十字架のような形をした灯籠がたたずむ。寛永年間（1624～1644）に造られたキリシタン灯籠で、マリア観音と思われる像が彫られている。

キリシタン灯籠

境内参道を正面に向かい、鐘楼を兼ねた中門をくぐると本堂。堂内では長さ4mの巨大な龍の彫り物が目を引く。名工左甚五郎の作という説もある。本堂には本尊の阿弥陀如来坐像だが、秘仏。

●四国霊場最古という納札

この寺の寺宝で名高いのは八十八ヵ所最古といわれる納札だ。慶安3年（1650）、伊勢国（現在の三重県）の材木商が納めた銅製の札である。この納札は長らく人の目にふれることがなかったようなのだが、時を経て大正時代、四国遍路の旅をしていたアメリカ人の文化人類学者、スタール博士が、厨子に打ち付けられていた納札を発見したのだという。それが「札所」の語源にもなっている。現在、この納札は本坊内に保存されており、見ることはできない。

DATA
住 愛媛県松山市和気町1-182
☎ 089-978-1129
交 JR予讃線伊予和気駅から徒歩10分
P あり(無料)　宿坊 なし

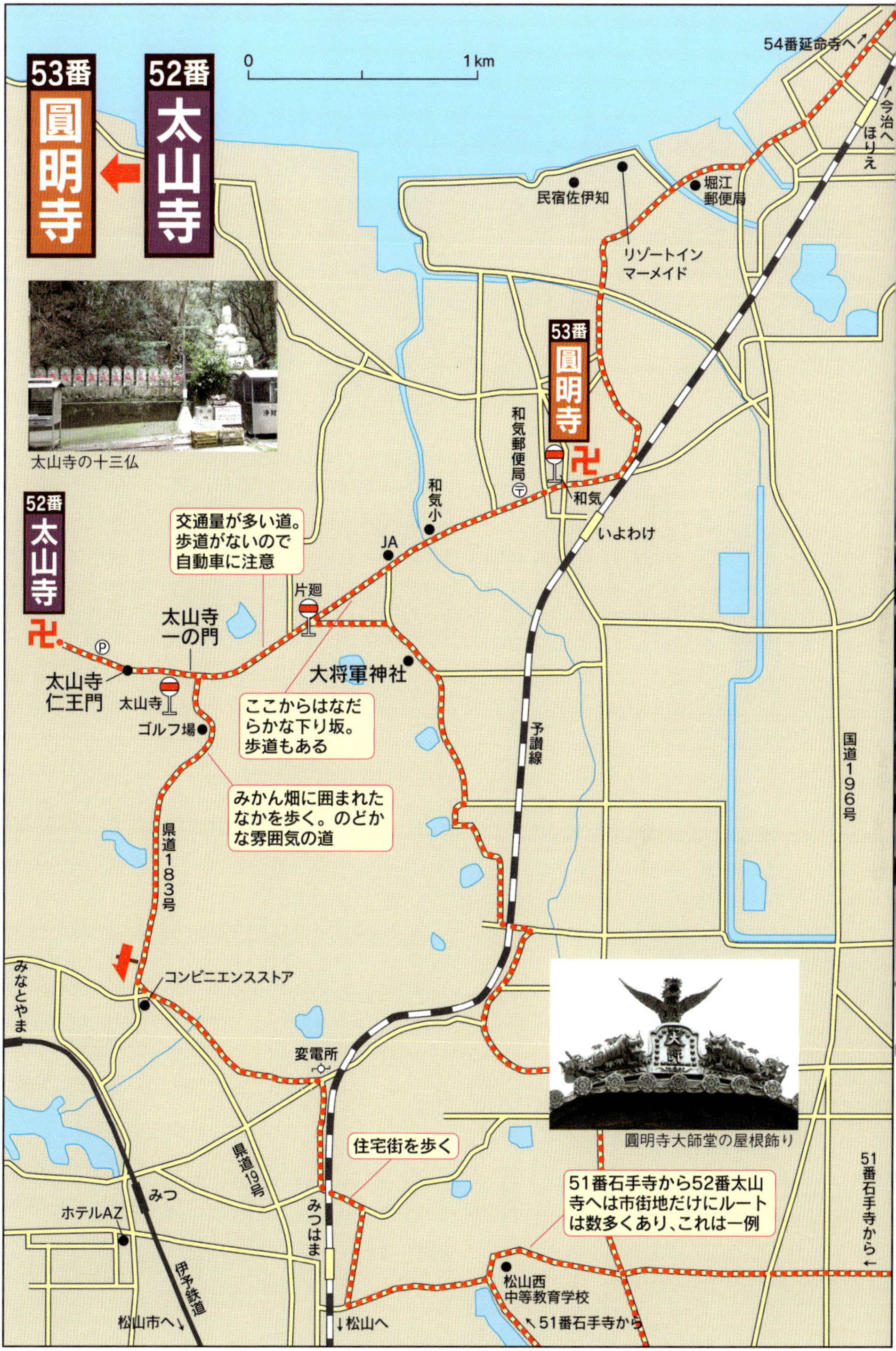
53番
圓明寺
52番
太山寺
0
1km
54番延命寺へ↗
↑今治へ
ほりえ
民宿佐伊知
堀江郵便局
リゾートイン
マーメイド
53番
圓明寺
和気郵便局
和気
和気小
いよわけ
JA
交通量が多い道。
歩道がないので
自動車に注意
片廻
52番
太山寺
太山寺
一の門
太山寺
仁王門
太山寺
ゴルフ場
大将軍神社
ここからはなだ
らかな下り坂。
歩道もある
予讃線
国道196号
みかん畑に囲まれた
なかを歩く。のどか
な雰囲気の道
県道183号
みなとやま
コンビニエンスストア
変電所
住宅街を歩く
県道19号
みつ
みつはま
ホテルAZ
伊予鉄道
松山市へ↘
↓松山へ
51番石手寺から52番太山
寺へは市街地だけにルート
は数多くあり、これは一例
松山西
中等教育学校
↖51番石手寺から
51番石手寺から←
太山寺の十三仏
圓明寺大師堂の屋根飾り

本堂に向かう参道。左手の納経所では遍路用品なども売っている

梵鐘「近見二郎」

第54番札所
延《えん》命《めい》寺《じ》
近《ちか》見《み》山《ざん》 宝《ほう》鐘《しょう》院《いん》
鐘の伝説が語り継がれる古刹

■ご本尊 不動明王
■ご詠歌 くもりなきかがみのえんとながむれば のこさずかげをうつすものかな

MAP P93

■53番圓明寺から
◆徒歩／国道196号を歩く。約35km、約10時間。
◆車／徒歩ルートと同じ。約35km、約1時間。カーナビは「延命寺駐車場」で検索。
◆公共交通／伊予和気駅から予讃線約1時間大西駅下車徒歩1時間。

●僧行基が開基

今治市の西北、標高244mの近見《ちかみ》山の麓、田園風景のなかに建つ札所。寺の始まりは天平年間（729〜749）。行基《ぎょうき》が不動明王を刻んで本尊とし、堂を建てて安置したと伝えられる。このときの寺は山頂にあったといい、その後、嵯峨《さが》天皇の勅願によって弘法大師が近見山圓明寺の寺号で再興させた。

鎌倉時代に後宇多《ごうだ》天皇からの厚い信仰を受け発展するが、天正年間（1573〜1592）の兵火でほぼ全焼。山麓の現在地へ移され復興したのは享保12年（1727）のこと。江戸時代には延命寺の俗称で親しまれ、明治になって正式に改称。これは第53番札所の圓明寺と同じ漢字だったので、混乱を避けるためもあったという。

●山門はかつての今治城の城門

仁王門をくぐって境内へ。その先にも門があるが、これはかつて今治城の城門だったもの。明治になって今治城が廃城となった際に譲り受け、寺の山門としたものだ。

その山門をくぐると正面には本堂が建ち、堂内には本尊の不動明王（秘仏）を安置している。本堂手前左の石段を上った高台に建つのは大師堂。境内には売店もあり、のどかな雰囲気だ。

●梵鐘《ぼんしょう》「近見二郎」

この寺の梵鐘は、音色のよさで地域の人々に親しまれてきた。初代梵鐘の近見太郎はその昔、盗賊に略奪されそうになったというが、その時鐘がひとりでに「いぬるー（帰る）、いぬるー」と鳴り出し、自ら鐘は海中に転がり落ちたのだとか。現在の梵鐘は3代目で、近見三郎の愛称で呼ばれ、山門に向かって右奥にある。2代目の近見二郎は現存し、仁王門の左手にある。宝永元年（1704）、当時の住職が鋳造して奉納したもの。

大師堂

今治城の門だった山門

DATA

住 愛媛県今治市阿方甲636
☎ 0898-22-5696
交 JR予讃線今治駅からせとうちバス菊間行きで阿方下車、徒歩10分
P あり(冥加料) 宿坊 なし

第55番札所

南《なん》光《こう》坊《ぼう》

別《べっ》宮《く》山《さん》 金《こん》剛《ごう》院《いん》

伊予の一の宮大山祇神社の別当寺

■ご本尊　大通智勝如来

■ご詠歌　このところ三島に夢のさめぬれば　別宮とてもおなじすいじゃく

壮大な印象の本堂

大師堂

■54番延命寺から
◆徒歩／丘陵地の大谷霊園を抜け、予讃線のガードをくぐって今治の市街地へ。約3・6km、約1時間。
◆車／国道196号を利用して今治市街へ。約4km、10分。
◆公共交通／延命寺から徒歩10分で阿方バス停。ここからせとうちバス今治営業所行き10分今治市役所前下車、徒歩10分。

●瀬戸内海に浮かぶ大三島《おおみしま》の神がルーツ

瀬戸内海に面した都市、今治市。その中心部、別宮大山祇《おおやまづみ》神社に隣接して建つ南光坊は、四国霊場で唯一「坊」と名のつく札所である。本尊は大通智勝《だいつうちしょう》如来。聞き慣れない名前の仏だが、釈迦以前に現れた過去仏という。

寺名も本尊も、四国八十八ヵ所の霊場の中でも異彩を放っているが、この寺は、瀬戸内海の今治沖に浮かぶ大三島の大山祇神社と深いつながりがある。大山祇神社は海山の守り神として古くから信仰を集めているが、昔は海が荒れると参拝できなかった。そこで海を渡らなくても参拝できるように、和銅6年（713）に四国本土のこの地に別宮大山祇神社を勧請《かんじょう》。このとき、大山祇神社の別当寺院の8つの坊も移された（諸説ある）。そのひとつがここ南光坊だ。

その後、伊予の豪族河野《こうの》一族や、代々の国司の庇護を受けて発展。天正年間（1578～1592）、土佐の大名長宗我部元親《ちょうそかべもとちか》の兵火で南光坊を含む別当寺院8坊をすべて焼失してしまうが、唯一、この南光坊だけが再興された。

●金毘羅《こんぴら》堂は江戸時代末期の建築物

慶長5年（1600）には、伊予の領主となった藤堂高虎《とうどうたかとら》の祈願所となり、薬師堂が再建され、以後も歴代今治藩主から厚く信仰された。

明治初期の神仏分離《しんぶつぶんり》によって神社と境内を区切り、寺として独立。大山祇神社の祭神の本地仏《ほんじぶつ》である大通智勝如来を社殿から本堂に移したとされる。しかし、昭和20年（1945）、太平洋戦争の折に堂塔は焼失。本堂が再建されたのは昭和56（1981）年のことである。

本堂が再建されるまで、大正5年（1916）建築の大師堂が本堂の代わりを果たしてきた。大師堂とともに空襲の被害を免れたのが金毘羅堂で、文化年間（1804～1818）の建築物だ。

DATA

- 住　愛媛県今治市別宮町3-1
- ☎　0898-22-2916
- 交　JR予讃線今治駅から徒歩10分
- P　あり(無料)　宿坊　なし

山門は金剛力士（仁王）ではなく四天王を祀る。上層は鐘楼になっている

MAP P93

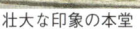

第56番札所

泰《たい》山《さん》寺《じ》

金《きん》輪《りん》山《ざん》 勅《ちょく》王《おう》院《いん》

川の氾濫から人々を救った大師の伝説を伝える

■ご本尊 地蔵菩薩

■ご詠歌 みな人のまいりてやがて泰山寺 来世のいんどうたのみおきつつ

本堂は幕末の建築

愛媛県●菩提の道場

MAP P93

■55番南光坊から

◆徒歩／南光坊の脇の道を進み、市街地から住宅地へ抜けていく。約3㎞、約50分。

◆車／徒歩ルートと同様。約3㎞、約5分。

◆公共交通／今治市役所近くの今治バスセンターからせとうちバスイオン線約10分小泉下車。

●暴れ川に堤防を築いた弘法大師

今治市を北東に流れ、瀬戸内海へと注ぐ蒼社《そうじゃ》川。はるか昔は豪雨のたびに氾濫し、田畑や家を流し、人の命をも奪っていた。そんな暴れ川を農民たちは「人取《ひととり》川」と呼んで恐れていた。そこへ救いの手をさしのべたのが弘法大師。農民を指揮して蒼社川に堤防を築き、土砂加持の秘法を行なったところ、満願の日に延命地蔵が現れた。大師は、その延命地蔵の姿を刻んで本尊とし、堂宇を建立。弘仁6年（815）のことと伝えられる。

●山頂から山麓へ移築

そうして創建された泰山寺は9年後の天長元年（824）には淳名《じゅんな》天皇の勅願所となり、七《しち》堂伽藍《どうがらん》、塔中《たっちゅう》十坊をそなえた大寺院になった。だが、その後は兵火にたびたび見舞われ、衰退の憂き目にあう。元禄3年（1690）、金輪山の山頂から麓の現在地へ移された。

●大師ゆかりの松

泰山寺の境内は石積みの塀に囲まれている。この塀は地元の人たちの尽力で築かれたもの。一見すると城郭の石垣のようだ。入口は簡素な柱門が建つのみだ。境内は南北にのび、本堂、納経所、庫裏などが並ぶ。本堂は安政元年（1854）の再建で、堂内には本尊の地蔵菩薩（秘仏）を安置している。庫裏の向かいには鐘楼があり、これは今治城内にあった太鼓楼《たいころう》の古材を用いて明治14年（1881）に再建されたもの。

大師堂のそばには「大師不忘松《わすれじのまつ》」の石碑と松がある。大師はこの寺を建立した際に境内に松の木を植えたとされるが、枯れてしまった。現在の松は3代目だ。松に願をかけると腰痛にご利益があるとか。

なお、寺で授けられる「千枚通《せんまいどおし》護符」は、ご真言を唱えながら水と一緒に飲み込むと歯痛封じにご利益があるといわれるお守り。

城郭を思わせる石垣に囲まれている

DATA

住 愛媛県今治市小泉1-9-18

☎ 0898-22-5959

交 JR予讃線今治駅からせとうちバスイオン線10分小泉下車徒歩10分

P あり（志納） 宿坊 なし

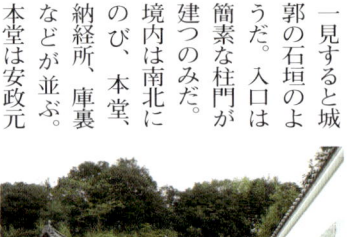

54番 延命寺
59番 国分寺
↑松山へ
瀬戸内しまなみ海道
予讃線
55番 南光坊
今治市役所
今治市役所前
今治バスセンター
今治城
JRクレメントイン今治
いまばり
明徳高
今治北高
大谷霊園
予讃線のガードをくぐる
しまなみ海道をくぐる
54番 延命寺
53番圓明寺から→
県道38号
阿方
国道196号(今治バイパス)
56番 泰山寺
国道317号
住宅街をまっすぐ進む
小泉
小泉郵便局
田んぼの中のあぜ道
別名
大須木
鴨部団地
57番 栄福寺
大塚
大塚池
吉祥寺
しまなみ海道と来島海峡が遠望できる
58番 仙遊寺
吉祥寺境内のモミの大木が目印になる
ホテルバリ・イン
いよとみた
太陽ガソリン
レディ薬局
松本
59番 国分寺
国分寺
伊予小松へ↘
↘60番横峰寺へ
0
1km

南光坊隣接の大山祇神社

今治城

MAP P93

第57番札所

栄《えい》福《ふく》寺《じ》

府《ふ》頭《とう》山《ざん》 無《む》量《りょう》寿《じゅ》院《いん》

瀬戸内海を鎮める寺

■ご本尊
阿弥陀如来

■ご詠歌
この世には弓矢を守る八幡なり
来世は人をすくう弥陀仏

大正時代に建てられた本堂

■56番泰山寺から
◆徒歩／田園風景のなかを歩く。約3㎞、1時間。
◆車／案内標識に従って農道を走る。約4㎞、10分。
◆公共交通／小泉バス停からせとうちバスイオンモール今治新都市行き1分別名下車、徒歩25分

●阿弥陀《あみだ》如来の伝説

瀬戸内海に臨む今治市南西の山間部、今治の奥座敷といわれる玉川町に建つ札所。小高い丘陵となっている八幡山《やわた》（府頭山《ふとう》）の中腹、竹林に囲まれ、山寺らしいたたずまいを見せている。

開創は弘仁年間（810〜824）。嵯峨《さが》天皇の勅願で弘法大師が開いた。当時、このあたりの海は海難事故が多く、その窮状を知った大師が瀬戸内海の安全を祈願すると、満願の日に海中から阿弥陀如来の霊像が現れた。大師はその阿弥陀如来像を本尊として、堂宇を建てて霊場に定めたと伝えられる。

●「八幡《はちまん》さん」の愛称の由来

栄福寺は海陸安全や福寿増長の寺として信仰を集めているが、地元の人たちからは「八幡さん」と呼ばれている。その理由は八幡山の山頂にある勝岡八幡宮にある。

話は貞観元年（859）にさかのぼる。奈良の大安寺の僧、行教上人《ぎょうきょうしょうにん》は九州の宇佐八幡に参詣して山城国《やましろのくに》（京都府南東部）の男山《おとこやま》に八幡神を勧請しようとしての帰路、暴風雨に遭遇し、この地へ流れ着いた。ここ府頭山が男山に似ていることに気付き、山頂で祈願したところ、本尊からお告げを受け、寺の境内に社殿を造営。神仏習合《しんぶつしゅうごう》の勝岡八幡宮を創建した。ちなみに行教上人が山城国に創建したのが、京都の古社・石清水《いわしみず》八幡宮である。

明治初年（1868）の神仏分離令《しんぶつぶんりれい》によって寺は神社と分離し、山頂から現在地へ移転した。現在の本堂は大正期に建てられたもので、それまで本堂だった建物は大師堂として健在だ。なお、本尊は秘仏。

納経所の前には、石造りのベンチとテーブルがあり、テーブルには蛙の石像が置かれている。遍路の旅を終えて無事に帰れますようにとの願いを込めてのことという。

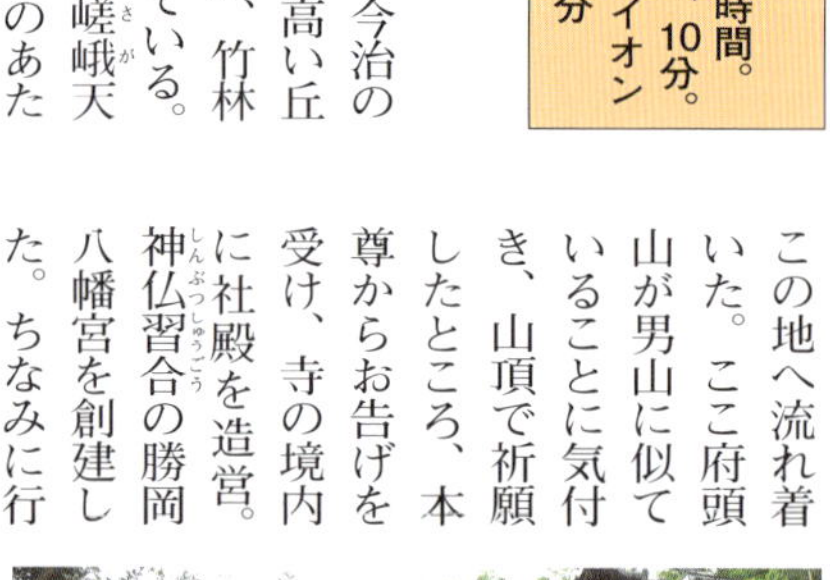
石段に沿って大師堂、突き当りに本堂が建つ

DATA
住 愛媛県今治市玉川町八幡甲200
☎ 0898-55-2432
交 JR予讃線今治駅からせとうちバスイオンモール今治新都市行き9分別名下車、徒歩25分
P あり（志納）　宿坊 なし

第58番札所

仙《せん》遊《ゆう》寺《じ》

作《さ》礼《れい》山《さん》 千《せん》光《こう》院《いん》

仙人の伝説が残る古刹

■ご本尊 千手観世音菩薩

■ご詠歌 たちよりて作礼の堂にやすみつつ 六字をとなえ経をよむべし

山の上のちょっとした平地に堂宇が点在。本堂は巨大な唐破風が目立つ特徴的な建築

弘法大師御加持水

■57番栄福寺から

◆徒歩／田園風景のなかを行く。大半は未舗装の道。後半はほとんど登り坂。2・5km、約1時間。

◆車／道標に従って農道を行く。約3・5km、約10分。

◆公共交通／この区間にはない。

●瀬戸内海を遠望する山上の寺

仙人が遊ぶ寺。なんとも優雅な名前をもつこの寺は、標高約２８１ｍの作礼山《されいさん》の9合目、標高２５０ｍ付近にある。境内は深い緑に包まれ、流れる空気もすがすがしい。今治《いまばり》市街や瀬戸内海の眺めも素晴らしく、仙人でなくともしばし遊んでなごみたくなる。

●龍女の伝説

仙遊寺の草創は7世紀後半。天智《てんじ》天皇の勅命により、伊予国守の越智守興《おちのもりおき》が堂を建立、天皇の念持仏《ねんじぶつ》である千手観世音を本尊として安置した。この千手観世音は海から来た龍女が一刀三《いっとうさん》礼《れい》（一刀刻むごとに三度礼拝すること）で彫り上げたものと語り継がれ、そのことから山号が作礼山と名付けられた。

ほかにも伝説がある。この山では阿《あ》坊《ぼう》仙人という僧が40年にわたって読経三昧の毎日をすごしていたが、ある日突然に雲と遊ぶかのように姿を消したという。この言い伝えにちなんで、寺号が仙遊寺となった。

平安時代に弘法大師が巡錫《じゅんしゃく》し、四国霊場に定めた。以後、寺は栄え、江戸時代には今治藩主の手厚い庇護を受けた。

●弘法大師ゆかりの井戸

寺へのアプローチは、車利用か、歩き遍路かで違ってくる。車の場合、駐車場から直接境内へ入って参道を進み、千体地蔵と呼ばれる石仏群を見ながら進むと本堂の脇に出る。歩き遍路は、中腹の仁王門から、延々と続くやや急な石段を上る。途中に弘法大師が錫杖で掘り当てたと伝えられる「弘法大師御加持《おかじ》水」がある。大師がこの井戸の水で加持をしたところ、疫病で苦しむ村人が健康を取り戻したという。ご利益にあやかろうと、水を汲む人は少なくない。この加持水からさらに１４０段の石段を上ると鐘楼があり、その先に大師堂と本堂が見える。本堂は正面に２つの破風《はふ》を設けた重厚な建物だ。

仁王門から石段が続く

DATA

住 愛媛県今治市玉川町別所甲483

☎ 0898-55-2141

交 JR予讃線今治駅からせとうちバス松山市駅行き特急で大須木下下車、車で10分（徒歩1時間20分）

P あり（有料）

宿坊 12室、50名収容。天然温泉が湧き出る大浴場など、設備が充実した宿坊だ。朝のお勤めは読経と法話で1時間、原則参加。1泊2食付き8000円。必ず予約を。

MAP P93

第59番札所

伊予の国府に建立された名刹

金《こん》光《こう》山《さん》 最《さい》勝《しょう》院《いん》

国《こく》分《ぶん》寺《じ》

■ご本尊 薬師瑠璃光如来

■ご詠歌 守護のため建ててあがむる国分寺 いよいよめぐむ薬師なりけり

柱門から境内へ。本堂は江戸時代の建物

大師堂

■58番仙遊寺から
◆徒歩／歩行者専用の急坂の山道を下り、巨大なモミの木がある吉祥寺という寺の近くで舗装路に出る。伊予富田駅付近から東へ向かう。約６㎞、1時間30分。
◆車／上ってきた道を戻る。吉祥寺付近からは歩き遍路と同じ道。約８㎞、約15分。
◆公共交通／この区間にはない。

MAP P93

●伊予国分寺として創設

奈良時代、聖武《しょうむ》天皇の詔《みことのり》で全国に建立された国分寺。そのひとつがここ伊予国分寺で、行基《ぎょうき》によって天平13年（741）に建てられた。白砂青松の唐子浜《からこはま》のほど近く、この国分寺のあたり一帯は奈良時代から平安時代にかけて国府が置かれたところという。

伊予の国府に創設されたこの国分寺は、3代目住職の智法《ちほう》大師のとき、弘法大師が滞在して五大明王の画像一幅を描き、四国霊場に定めたとされる。弘法大師の十大弟子の一人である真如も滞在した。

●荒廃と復興を繰り返した歴史

その後の国分寺は試練続きである。平安時代は藤原純友《すみとも》の乱、源平合戦などの戦乱で被害をこうむり、堂宇を焼かれた。天正12年（1584）には土佐の大名・長宗我部元親《ちょうそかべもとちか》の兵火で焼失。長らく再興がかなわず、小さな堂宇があるだけの寂しい寺に甘んじていたが、寛政元年（1789）に43代目住職の恵光《えこう》上人が金堂《こんどう》を再建したのを機に、復興を遂げていった。このときの金堂が現在の本堂で、堂内には本尊の薬《やく》師瑠璃光《しるりこう》如来（秘仏）を安置している。

●いにしえの国分寺の史跡

創建当時の国分寺は約8万m^2という広大な寺域を持つ大寺院で、現在地から東へ100mほど離れたところにあった。発掘調査により、金堂のほかに七堂伽藍《しちどうがらん》が造られていたことが明らかになった。現在の国分寺から300mほど東へ行ったところには東塔跡の史跡が残り、13個の大きな花崗岩の基礎石が並んでいる。当時そびえていた七重塔を支えた石といい、その七重塔は高さが約60mあったとされる。

旧国分寺の七重塔跡。国の史跡に指定されている

DATA

- 住 愛媛県今治市国分4-1-33
- ☎ 0898-48-0533
- 交 JR予讃線今治駅前からせとうちバス桜井団地循環線25分国分寺下車、徒歩3分
- P あり（有料） 宿坊 なし

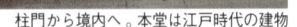

第60番札所

石鈇山《いしづちさん》 福智院《ふくちいん》
横峰寺《よこみねじ》

石鎚山の北側中腹に建つ

■ご本尊 大日如来
■ご詠歌 たてよこに峰や山べに寺たてて あまねく人をすくうものかな

冬の境内は雪に埋もれることも。四国札所で雪は珍しい

愛媛県●菩提の道場

MAP P99

■59番国分寺から
◆徒歩／歩き遍路専用の険しい山道。約30km、約10時間。
◆車／国道11号を西条方面へ向かい、氷見交差点から県道142号へ。黒瀬湖のほとりの横峰山登山口から横峰寺へ向かう林道に入る。林道は冬季通行止めなので、林道入口から約8.3kmを歩くことになる。山上には駐車場があるが、林道入口には駐車場はない。車の場合は、59番から61番へ向かい、62番、63番、64番を経て60番へ向かうほうが効率的。
◆公共交通／この区間にはない。

●四国霊場最大の難所だった

西日本最高峰、標高1982mの石鎚《いしづち》山山系の北側中腹に建つ札所。標高750m、深山の空気と緑に包まれた古刹である。

古来、四国八十八ヶ所のなかの最大の難所であったが、現在では西条市の上の原から林道が開通し、山頂の駐車場まで参拝専用バスも運行している（冬期は運休）。駐車場から山道を10分ほど歩いていくと、横峰寺の境内に着く。

●山岳修験の地だった

横峰寺の歴史は白雉《はくち》2年（651）にさかのぼる。修験道の祖といわれる役行者《えんのぎょうじゃ》（小角《おづぬ》）が星ヶ森という場所で修行していた。星ヶ森は石鎚山の遥拝《ようはい》所。役行者は石鎚山の頂上に蔵王権《ざおうごん》現《げん》の姿を発見、その姿を石楠花《しゃくなげ》の木に刻み、安置したのが横峰寺の始まりという。そして、大同年間（806〜810）、この寺を訪れたのが弘法大師。大師は42歳の厄除け星供《ほしく》の法を修め、伽《が》藍《らん》を建立して第60番札所としたとされる。なお、本尊の大日如来は、弘法大師が刻んだという説も伝えられている。

横峰寺は神仏習合の霊場で石鎚山の別当寺として長い歴史を刻んできたが、明治期の廃仏毀《はいぶつき》釈《しゃく》によって「石鎚神社西遥拝所横峰社」と、神社になった。その後、寺号を除かれていたのだが、明治42年（1909）、横峰寺として再興を果たした。

●権現造の本堂

森閑とした境内は、山の寺であることを実感させてくれる。本堂は神社を思わす権現造《ごんげんづくり》。これは、「仏も神もみなありがたい」と説いた弘法大師の教えを表したものといわれている。

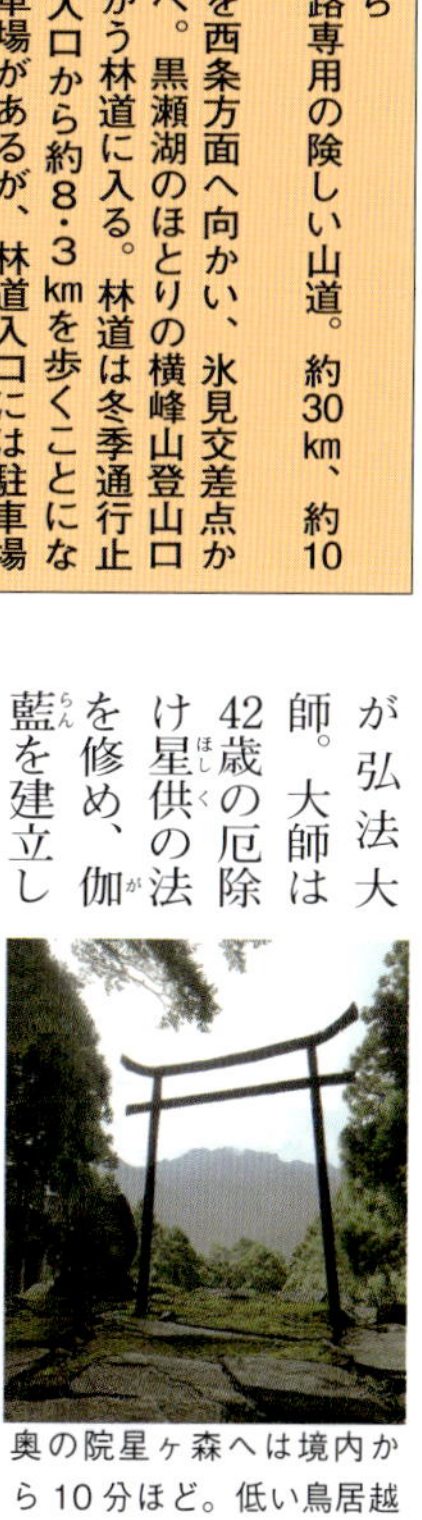

奥の院星ヶ森へは境内から10分ほど。低い鳥居越しに石鎚山を遥拝する

DATA

住 愛媛県西条市小松町石鎚甲2253
☎ 0897-59-0142
交 JR予讃線伊予西条駅からせとうちバス西之川行き30分横峰登山口下車、参拝専用バスに乗り換え30分。冬期は参拝専用バス運休のため、登山口から徒歩2時間30分（8.3km）。
P あり（林道通行料込み1850円）、ただし冬季は通行不可。
宿坊 なし

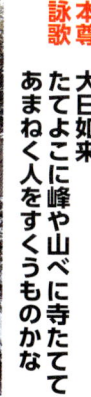

第61番札所

香《こう》園《おん》寺《じ》

栴《せん》檀《だん》山《さん》 教《きょう》王《おう》院《いん》

安産・子育ての寺として信仰を集める

■ご本尊 大日如来

■ご詠歌 のちの世を思えばまいれ香園寺 とめてとまらぬ白滝の水

本尊の大日如来

大聖堂は巨大な建物

子安大師堂

■60番横峰寺から

◆徒歩／境内を出て500mの分岐点から森の中を下る山道へ。約9・5㎞、4時間。

◆車／林道を下り、黒瀬湖のほとりから加瀬橋へ戻り、国道11号へ。約27㎞、1時間。

◆公共交通／境内から横峰登山口へ戻り、せとうちバス伊与西条駅行き30分終点下車、JR予讃線に乗り換え約10分分伊予小松駅下車。

MAP P99

●聖徳太子が創建

境内へ入ると、コンクリート造りの巨大な建物が目に入る。一見すると公会堂や市民会館のような印象だが、これが大聖堂。1階が講堂で、2階は本堂と大師堂を兼ねている。遍路は堂の左右にある階段を上がって堂内に入り、本尊と弘法大師に参拝する。

このような現代的な雰囲気の第61番札所香園寺であるが、1000年以上の歴史をもつ古刹である。寺伝によると、聖徳太子が、父である用命《ようめい》天皇の病気平癒を祈願して創建したと伝えられている。このとき、黄金の衣を身につけた白髪の老人が現れ、本尊の大日如来を安置したと語り継がれている。

●子安大師

本尊の大日如来は秘仏で、須弥壇《しゅみだん》中央には、お前立ちの大日如来像が鎮座する。智拳印《ちけんいん》を結んだ金剛界《こんごうかい》大日如来で、脇仏として立つのは不動明王像と、赤ん坊を抱いた子安大師像だ。不動明王は大日如来の教《きょう》令輪身《りょうりんじん》、すなわち実行部隊のような立場であり、大日如来とともに祀られる例は少なくない。だが、子安大師はこの寺ならではの存在だ。

弘法大師がこの寺を訪れたのは大同年間（806〜810）のこと。大師が難産で苦しむ女性を助けるために加持を行なったところ、女性は無事に男児を出産。さらに大師は、唐から持ち帰った一寸八分（約5・5㎝）の大日如来の金像を本尊の胎内に納め、栴檀の香を焚いて護摩修法を行なった。栴檀《せんだん》山の山号はこれにちなんだものだ。

大正時代に当時の住職が「子安講」を創始。国内外を行脚して、安産、子育て、女人成仏を祈願し、全国に多くの子安講員を抱え、現在も「子安の大師さん」と信仰を集めている。大聖堂の脇には子安大師堂があり、この堂内にも子安大師像が立つ。等身大の立像で、柔和な表情をたたえ、赤ん坊を抱いている。

子安大師堂の子安大師

DATA

住 愛媛県西条市小松町南川甲19
☎ 0898-72-3861
交 JR予讃線伊予小松駅から徒歩20分
P あり（無料） 宿坊 なし

■番外霊場　興隆寺

愛媛県でも屈指の紅葉の名所。杉木立の中を長い石段が山上の伽藍へと続き、仁王門、さらに登るとまるで城郭を思わせる石垣と勅使門。勅使門は宝暦６年（1756）の建立、石垣は松山藩寺社奉行によって文化３年（1806）に築かれたもの。その石垣の上に重要文化財の本堂や、近代的な造りの大師堂が建つ。ほかにも天保７年（1836）建立の三重塔などの堂宇が点在。

●予讃本線壬生川駅からタクシー約 15 分。

第62番札所

宝《ほう》寿《じゅ》寺《じ》

天養山《てんようさん》 観音院《かんおんいん》

安産の観音様として親しまれてきた

■ご本尊　十一面観世音菩薩

■ご詠歌　さみだれのあとにいでたる玉の井は
しらつぼなるや一の宮かわ

入母屋造の本堂

■61番香園寺から
◆徒歩／国道11号へ出て東へ。約1・4㎞、約25分
◆車／徒歩ルートと同じ道。約1・4㎞、5分。
◆公共交通／徒歩12分の小松総合支所前バス停からせとうちバス新居浜駅行きで1分、小松駅前下車。バスの運行時刻によっては歩いたほうが早い。

●始まりは伊予一宮別当寺

この寺の創建は天平年間（729～749）。大己貴尊《おおなむらのみこと》の神託を受けた聖武《しょうむ》天皇が諸国に一宮を建立した。このとき伊予国にも一宮神社が建立され、その別当寺として創建されたのが始まりという。

当初は金剛宝寺と称していた。後に弘法大師がこの地へ立ち寄り、光明皇后をかたどった十一面観世音菩薩を刻んで本尊とし、寺号を宝寿寺と改め、四国霊場と定めた。

●荒廃と再興の歴史

その後、近くを流れる中山川の氾濫により被災。天養元年（1144）に大々的な修復工事が行なわれた。山号の天養山はこの年号にちなんだものだ。天正13年（1585）、豊臣秀吉の四国攻めの兵火で焼失。江戸時代初期に再興し、小松藩の抱え寺として栄えた。が、明治10年廃仏毀釈《はいぶつきしゃく》で再び荒廃。香園寺と合併して明治10年（1877）に再興したが、大正12年（1923）、国鉄讃予線（のちのJR予讃線）が境内を通ることになり、現在地へ移転した。

●安産の観音さま

境内へ入ると、右側に大師堂と本堂が並んで建つ。本尊の十一面観世音菩薩は秘仏となっているが、安産の観音さまと人々の信仰を集めてきた。

こんな由来が語り継がれている。平安時代、伊予国司《こくし》の越智《おち》氏の夫人が難産で苦しんでいた。そこで弘法大師が境内の玉の井の水を加持して与えたところ、夫人は無事に男児を出産したという。以後、安産を祈願する寺として人々から慕われている。境内には像高2mほどの十一面観音像も立てられている。

境内の十一面観音像

DATA

- 住　愛媛県西条市小松町新屋敷甲428
- ☎　0898-72-2210
- 交　JR予讃線伊予小松駅から徒歩1分
- P　あり（無料）　宿坊　なし

MAP P99

第63番札所

密《みっ》教《きょう》山《ざん》 胎《たい》蔵《ぞう》院《いん》

吉《きち》祥《じょう》寺《じ》

四国霊場で唯一、毘沙聞天を本尊とする

■ご本尊
毘沙聞天

■ご詠歌
身の内の悪しき悲報をうちすてて
みな吉祥をのぞみいのれよ

本堂（右）と大師堂

■62番宝寺から
◆徒歩／国道11号を東へ。約1.3km、約25分。
◆車／徒歩ルートと同じ道。約1.3km、約5分。
◆公共交通／伊予小松駅からJR予讃線2分伊予氷見駅下車。列車の時刻によっては歩くほうが早い。

●四国唯一の毘沙聞天

第63番札所吉祥寺は国道11号沿いに建つ。四国霊場で唯一、毘沙聞天を本尊としている。毘沙聞天は七福神のなかに数えられ、財宝・福徳の神様とされる。

本尊は境内正面にある本堂に安置され、脇仏は吉祥天《きちじょうてん》（毘沙聞天の妃）と、善膩師童子《ぜんにしどうし》。善膩師童子《ぜんにしどうし》は毘沙聞天と吉祥寺の間に生まれた末子。仏像の作例は全国でも数少ないという。

縁起によると、弘仁年間（810～824）、このあたりを巡っていた弘法大師が光る檜を見つけて霊木と感じ、本尊毘沙聞天と脇仏を刻んで安置したと伝えられる。本尊毘沙聞天は秘仏となっており、ご開帳は60年に一度。次回開帳は2038年だ。

●マリア観音像（秘仏）

吉祥寺は、もともとは現在地より南の坂元山《さかもと》にあり、21坊を持つ寺院だったが、天正13年（1585）に豊臣秀吉の四国攻めで全山が焼失。万治2年（1659）に現在地に移って再興した。

寺宝にはマリア観音像がある。土佐の戦国大名長宗我部《ちょうそかべ》元親《もとちか》が、イスパニア（スペイン）船の船長から託されたものという。それを西条高尾城の金子元宅《もといえ》がこの寺に預けたと伝わる。慈愛に満ちた表情の白磁の像で、高さは30cmほどというが、秘仏となっている。

●成就石《じょうじゅ》

本堂の向かいに高さ1mほどの成就石と呼ばれる石がある。下のほうに穴があいている。本堂前から目隠しをしてこの石に向かって歩き、金剛杖を穴に通すことができれば願い事がかなうといわれている。

成就石の横には「くぐり吉祥天女」がある。吉祥天は貧困を取り除いて大富貴を導くとして信仰される仏で、この像の下をくぐるとご利益があるとされている。

目をつぶって杖が通れば願いがかなう成就石

山門は四脚門形式

DATA

住 愛媛県西条市氷見乙1048
☎ 0897-57-8863
交 JR予讃線伊予氷見駅から徒歩2分
P あり（無料）　宿坊 なし

MAP P99

山の寺らしい境内に建つ本堂

第64番札所

石鉄山《いしづちさん》 金色院《こんじきいん》 前神寺《まえがみじ》

石鎚山の山岳信仰と弘法大師霊場の融合

■ご本尊 阿弥陀如来

■ご詠歌 前は神うしろは仏極楽の よろずの罪をくだくいしづち

愛媛県●菩提の道場

■63番吉祥寺から
◆徒歩／国道11号を東へ。約３・２km、50分。
◆車／徒歩ルートと同じ。約３・２km、約10分。
◆公共交通／徒歩３分の伊予氷見駅からＪＲ予讃線３分石鎚山駅下車。列車の運行時刻によっては歩いたほうが早い。

MAP P99

●広い境内は老杉に囲まれて

国道11号から桜並木の参道を経て境内へ向かうと、あたりは杉木立に囲まれて森閑とした雰囲気となる。小さな川に架かる極楽《ごくらく》橋を渡ると右手に手水舎や鐘楼があり、左手には本坊、正面に見えるお堂が大師堂。大師堂のところで右に曲がり、金刀比羅《こんぴら》堂や十三仏を過ぎると浄土橋。橋のたもとにはかつて滝行が行われていたという御滝《おんたき》行場不動尊が目に入る。ここから石段を上がると、護摩堂や薬師堂があり、その先、ぽっかりと広がった広場の奥に本堂が建てられている。

●石鎚《いしづち》信仰の霊地

前神寺の南には標高１９８２ｍの石鎚山がそびえている。役行者《えんのぎょうじゃ》によって開かれた山岳信仰の修験の山だ。前神寺はこの石鎚山修験の別当として山の中腹にあった寺。60番札所の横峰寺とともに、ここ前神寺は石鎚山の蔵王大権現の霊場として歴史を刻んできた。

縁起によると、修験道の祖・役行者が石鎚山で修行をしたのは７世紀後半。その修行の際、役行者は釈迦如来と阿弥陀如来が衆生《しゅじょう》の苦しみを救済するために蔵王権現となって現れたのを感得した。その蔵王権現像を彫って安置し、祀ったのが始まりとされている。

弘法大師も若き日に石鎚山に2度入山しており、37日におよぶ護摩修法や三七日（21日間）の断食修行をしたと伝わる。そうしてここは修験の山であると同時に八十八ヶ所の霊場として

薬師堂。左の鳥居から石段を上がると石鉄山権現堂

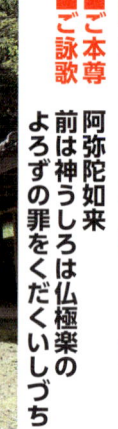

大師堂。宝形屋根に唐破風向拝をもつ

御滝行場不動尊

大師堂の破風飾り。鳳凰や獅子の飾り瓦。軒丸瓦には葵の紋が

も開かれていく。

病気平癒を祈願した桓武《かんむ》天皇をはじめ皇室の信仰も厚く、石鎚山頂の蔵王大権現とともに神仏混交の霊場として栄えた。

●明治の神仏分離で現在の場所へ

そんな霊場も、明治の廃仏毀釈《はいぶつきしゃく》で一変する。寺は一時廃絶。石鎚山の蔵王大権現から仏教色が排除されて石鎚神社となり、明治11年（1878）にこの場所に大師堂と鐘楼が建立された。前神寺は寺号に「神」の文字が使えず「前上寺」と称していた。現在の前神寺の号は明治42年（1909）に復活したものだ。

●寺院には珍しい権現造《ごんげんづくり》の本堂

本堂前の広場から鳥居をくぐって石段を上ると石鉄山大権現堂があり、蔵王権現が祀られている。ここから見下ろすと、本堂の屋根が権現造となっているのがわかる。権現造は、本殿・相の間・拝殿と3つの建物をつないだ建物で、神社建築に多く見られる。寺の本堂が神社建築を思わせる権現造で、しかも本尊の阿弥陀如来よりも高い場所に権現堂の蔵王権現を祀っている。そんな境内の様子は、この寺の複雑な信仰の歴史を物語っているかのようでもある。

境内に建つ石鉄山大権現堂は、この地の信仰のルーツ

DATA

住 愛媛県西条市洲之内甲1426
☎ 0897-56-6995
交 JR予讃線石鎚山駅から徒歩10分
P あり(無料)　宿坊 なし

MAP P99

山門までは73段の急な石段を上る

弘法大師護摩壇の跡という三角の池

第65番札所

由霊山《ゆれいざん》 慈尊院《じそんいん》
三角寺《さんかくじ》

伊予の遍路旅の締めくくり

■ご本尊 十一面観世音菩薩

■ご詠歌 おそろしや三つのかどにも入るならば 心をまろく慈悲ひを念ぜよ

MAP P105

■64番前神寺から

◆徒歩／国道11号をひた歩き、伊予三島の市街地から山あいへと向かう。戸川公園の先で山道と舗装路に別れ、歩き遍路は山道へ。山道は一部荒れているところもある。やや遠回りだが舗装路を歩くほうが無難。約45㎞、まる1日がかりとなる。

◆車／国道11号から、松山自動車道（いよ西条IC～三島川之江IC）、国道１９２号を経由。約50㎞、1時間。

◆公共交通／前神寺から徒歩８分の石鎚山駅からJR予讃線約１時間伊予三島駅下車。

●山寺らしさが漂う

伊予の霊場を巡る最後の札所。標高８２６ｍの平石山の中腹、標高約４５０ｍ付近に建つ三角寺。この寺へは、急勾配の坂道を登っていき、参道入り口からさらに70段余りの石段を上る。石段を上りきると、梵鐘《ぼんしょう》が吊り下げられて鐘楼門になっている仁王門。参拝者は罪の汚れを取り去るべく、鐘を撞いてから境内へ入る。

●三角《みすみ》の池

創建は天平年間（７２９～７４９）。聖武《しょうむ》天皇の勅願により行基《ぎょうき》が開創したという。弘仁６年（８１５）、当時は慈尊院と呼ばれていたこの寺に弘法大師が訪れ、本尊の十一面観音を刻んで安置した。このとき不動明王も刻み、三角形の護摩壇《ごまだん》を築いて21日間の護摩修法を行ない、四国霊場の札所に定めた。これにちなんで寺号は三角寺となったという。

大師堂と本坊の間に「三角の池」という弁財天が祀られた池があるが、これは大師が21日間の護摩修法を行なった護摩壇の跡といわれる。

壮大な印象の本堂

●安産・子育ての仏様

三角寺は平安時代初期に嵯峨《さが》天皇から手厚い庇護を受け、発展。七堂伽藍《しちどうがらん》をそなえた大寺院となった。天正9年（１５８１）に長宗我部《ちょうそかべ》軍の兵火で多くの堂宇を焼失したが、本堂は焼失を免れた。堂内には本尊の十一面観音像が安置されている。秘仏となっているが、子安観音・厄除け観音として信仰されてきた。

●俳人一茶も訪れた

本堂の前には、樹齢３００～４００年といわれる山桜が枝を張り、花の季節には淡いピンクの桜の花が境内を彩る。この山桜を見て感動した一人に、俳人小林一茶がいる。寛政７年（１７９５）、この寺にやってきた一茶は、「是でこそ登りかひ(甲斐)あり山桜」と詠んだ。山桜の木のかたわらには句碑もある。

DATA

住 愛媛県四国中央市金田町三角寺甲75
☎ 0896-56-3065
交 JR予讃線伊予三島駅からせとうちバス新宮行き25分三角寺口下車、徒歩45分
P あり(有料) 宿坊 なし

65番 三角寺

■番外霊場　椿堂

椿堂のたたずまいは独特の雰囲気だ。住宅地の細い道路に面して片側に石門があり、その奥に朱塗りの山門。門には梵鐘が取り付けられており、その意味では鐘楼門だが、鐘楼はなく肘木門に梵鐘がぶら下がっている状態。山門をくぐるとシュロの木が茂る奥に本堂や本坊、納経所が並ぶ。境内には椿堂の名の由来となった椿の巨木が枝を伸ばしている。この椿は、弘法大師の杖が根付いたという伝説の椿で「お大師さまのお杖椿」と呼ばれる。山門と道路を隔てた向かい側には、大師堂が、道路から直接参拝する形式で建てられている。

● JR 予讃線川之江駅からタクシー約 15 分。

山寺らしい雰囲気の仁王門

第66番札所

雲《うん》辺《ぺん》寺《じ》

巨鼇山《きょごうざん》 千手院《せんじゅいん》

四国霊場の最高所にある札所

■ご本尊　千手観世音菩薩

■ご詠歌　はるばると雲のほとりの寺にきて
月日をいまはふもとにぞ見る

香川県●涅槃の道場

MAP P109

■65番三角寺から
◆徒歩／山頂から山間の道を進み、国道１９２号を経て雲辺寺口バス停へ。ここまでは舗装路歩きだが、バス停から先は峠越えの山道となる。雲辺寺口バス停から雲辺寺までは約7km、約3時間の急坂を登る。コース全体に峠越えが連続するハードな道で、約24km、約8時間。峠越えを避けるのであれば三角寺から伊予三島市街地へ出て国道11号を歩き、雲辺寺ロープウェイを利用する。約27km、約7時間。
◆車／三角寺口から国道１９２号・国道11号を経由、雲辺寺ロープウェイ山麓駅へ。約27km、約45分。また、国道１９２号からつづら折れの山道を上って山頂駐車場へ向かうルートもある。約30km、約1時間10分。
◆公共交通／伊予三島駅へ戻り、ＪＲ予讃線約25分観音寺駅下車。以下データ欄の交通参照。

●かつては遍路ころがしといわれた難所

香川県と徳島県の県境に位置する、標高９２７ｍの雲辺寺山。その山頂付近の徳島県側、標高９１０ｍのあたりに位置し、住所も徳島県三好市だが、巡拝の道としては讃岐の最初の札所となっている。

ここ雲辺寺は四国八十八ヶ所中、もっとも標高が高い場所にある。かつては雲辺寺口のバス停からも急勾配の山道を3時間近くひた歩く険しい遍路道で「遍路ころがし」と呼ばれた。現在では車道が整備されているので9合目くらいまでは車で行くことができる。また、山麓の香川県大野原町側から大型ロープウェイを利用すれば山頂まで7分で到着する。

●県境の寺

ロープウェイ山頂駅を降りると、もうそこは雲辺寺境内だ。正面にのびる道はちょうど県境に当たり、道の中央に香川県と徳島県の境を示す線が書かれている。道のかたわらには遍路を出迎える「お迎え大師」の像。ここで道は二手に分かれ、正面へ進むと毘沙門天《びしゃもんてん》展望館へと続いている。標高９００ｍの高みからは三豊平野と瀬戸内海の風景や瀬戸大橋も望める。

本堂や大師堂へは左の道を進む。澄み切った空、山のすがすがしい空気、杉などの木々の匂い。そんな自然の恵みを感じながら歩こう。

●創建は平安時代

雲辺寺の創建は延暦8年（７８９）にさかのぼる。伝承では弘法大師が16歳のとき、自らの誕生の地である善通寺の堂宇建立のため建築材を求めてこの山に登ったところ、霊気を感じて山中に一堂を建立したのが始まりという。

大同2年（８０７）に嵯峨《さが》天皇の勅願を受けて再び大師はこの山に登った。そして千手観音菩薩を刻んで本尊とし、ここを札所に定めた

ロープウェイで
山上の古刹へ

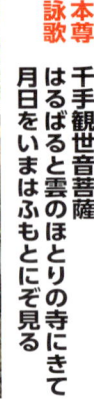

参道が県境になっている

入母屋造の本堂は堂々とした雰囲気

大師堂は拝殿の背後に本殿が建つ

MAP P109

と伝わる。鎌倉時代には七堂伽藍《しちどうがらん》が整い、山内には12の坊と歓学院《かんがくいん》も備え、四国はもとより中国地方の学僧が学ぶ、仏教大学のような存在となっていた。その隆盛ぶりは「四国高野」と呼ばれるほどであったという。

●戦国大名長宗我部《ちょうそかべ》氏のエピソード

戦国時代の土佐の大名、長宗我部元親。その元親の史話として「裏山門答」が伝わる。ここの裏山に登った元親は、眼下に広がる讃岐の里の景色を眺め、四国統一の野心を燃やした。その様子を見た住職は思いとどまるようにいさめたという。四国の多くの寺に火を放った元親も、この寺にだけは火をかけなかった。

●五百羅漢像が点在

ロープウェイ山頂駅から歩いてくると、境内のあちこちに立つ五百羅漢像が目に入る。弘法大師が唐へ留学した際、初めて踏み入れた地である赤岸鎮福建省《せきがんちんふっけんしょう》の五百羅漢院の羅漢像を模したものという。羅漢は釈迦の弟子で、仏法の修行を極めた、最も仏に近い存在の人々。仏に近いとはいっても人間だから、人間らしいさまざまな喜怒哀楽の表情を見せている。ある者は書を広げ、ある者は鉢を手にし、またある者は祈りを捧げている。楽器を手にした羅漢や、動物を連れた羅漢もいる。そんな羅漢の姿は、誰でもが仏になりうることを伝えてもいる。

●山上の名水

本堂近くの水堂には、弘法大師が自ら掘ったという霊泉が湧いている。山の上に湧き水があるということが、昔の人にとってはひとつの奇跡だったはず。のどを潤すときには「南無大師《なむだいし》遍照金剛《へんじょうこんごう》」と唱える。霊水なので、手などは洗わないように。

●山上の堂宇

山寺の雰囲気が漂う境内だが、本堂の一帯は平坦になっており、本堂、大師堂、護摩堂、本坊などの堂宇が建ち並ぶ。本堂上の収蔵庫に安置された本尊の千手観世音菩薩像は秘仏だが国の重要文化財に指定されている。護摩堂の前にある腰掛はナスの形をした「おたのみなす」の腰掛。腰掛けて祈ると、願いが叶うという。

五百羅漢に珍しい釈迦涅槃像

DATA

- 住 徳島県三好市池田町白地ノロウチ763-2
- ☎ 0883-74-0066
- 交 JR予讃線観音寺駅からタクシー30分雲辺寺ロープウェイ山麓駅下車。雲辺寺ロープウェイ7分で山頂駅。
- P あり（無料だが、参道補修協力費が必要になる）
- 宿坊 なし

※雲辺寺ロープウェイは20分毎に運行（多客時は随時運行）、往復2200円。

第67番札所

弘法大師手植えの巨木がそびえる

小松尾山《こまつおざん》 不動光院《ふどうこういん》

大興寺《だいこうじ》

■ご本尊　薬師如来

■ご詠歌　うえおきし小松尾寺を眺むれば　法の教えの風ぞふきぬる

本堂。左右には天台、真言の両大師堂が建つ

香川県●涅槃の道場

MAP P109

■66番雲辺寺から
◆徒歩／境内の五百羅漢から道標に従って下山路へ。雑木林の山道を下る。道中は「四国のみち」の道標に従って歩くと大興寺の裏門。坂を下り仁王門に回って境内へ。約9・5㎞、約3時間。
◆車／ロープウェイ山麓駅から大家池のほとりを通って国道377号を走る。約10・5㎞、約15分。
◆公共交通／この区間にはない。

●天台と真言両宗の修行の道場として栄えた

のどかな田園風景に囲まれて建つ札所。天平14年（742）、東大寺の末寺で熊野三所権現《くまのさんしょごんげん》鎮護の霊場として開かれたのが始まりと伝えられる。延暦11年（792）弘法大師がこの地を訪れ薬師如来を本尊として刻み、堂宇を建立して安置。その後は真言と天台の2大宗派によって管理され、最盛期には境内に真言24坊、天台12坊が並び、2つの異なる宗派が共存する修行の道場として多くの修験者たちが集う霊場となっていた。

しかし戦国時代の兵火で焼失。江戸時代中期に再建され、現在は地元の人たちから「小松尾さん」と呼ばれ、親しまれている。

●参詣者を迎えるカヤと楠《くすのき》の巨木

山門は単層だがどっしりとした印象の仁王門。門の両脇に立つ2体の金剛力士像は像高3・14mで、木造では四国でも最大級とされる。寺伝では鎌倉時代の仏師、運慶《うんけい》の作という。仁王門から境内へと入ると、樹高約20mのカヤの木が枝を張る。胸高の幹周りは約4mあり、樹齢は1200年以上といわれ、弘法大師のお手植えとも伝えられている。その近くにもクスノキの老木が枝を張っており、存在感を見せる。

●境内に2つの大師堂

94段の石段を上がりきったところにあるのが本堂。本堂を挟んで左右に大師堂があり、向かって左に弘法大師を祀る大師堂、右には天台大師を祀る天台大師堂。このように2つの大師堂があるのは、真言と天台の2つの宗派の修行の場だったという歴史を物語る。

本堂内では数十本もの赤いろうそくの炎が揺らめいている。これは大興寺に伝わる「七日燈明」という願かけで、赤いろうそくに願いごとを書いて寺に奉納すると、7日間ろうそくをともして祈願してもらえる。

堂内では大きな延命地蔵が目立つが、本尊は薬師如来。60年に1度の開帳で、通常はお前立の像がたつ。

香川県では最古とされる仁王像

DATA

- 住　香川県三豊市山本町辻4209
- ☎　0875-63-2341
- 交　JR予讃線観音寺駅から車で20分
- P　あり(無料)　宿坊　なし

■番外霊場　箸蔵寺

箸蔵寺は四国でも有数の規模を誇る壮大な寺院。縁起によれば天長５年（828）にこの地で弘法大師が金刀比羅神からご神託を受け、開創したという。

箸蔵寺へは山麓から箸蔵山ロープウェイで登拝する。山上の箸蔵寺駅を降りると、本坊があり、本坊から少し行くと重要文化財の護摩殿。護摩殿の前には狛犬が置かれ、かたわらから長い石段を上る鳥居が見え、神仏混交の聖地であった歴史をうかがわせる。さらに石段を上ると本殿。本殿には小天狗と烏天狗の面が掲げられており、天狗伝説の地でもあることを示している。本殿の周囲には観音堂や薬師堂、五大力尊、御影堂などの堂宇が建つが、これらの大半は国指定の重要文化財。時間があれば、本坊から参道の石段を下って仁王門まで往復したい。

●土讃線箸蔵駅から徒歩 10 分で箸蔵山ロープウェイ登山口駅。ロープウェイ 4 分で箸蔵寺。

第68番札所

七宝山《しっぽうざん》 神恵院《じんねいん》

四国88ヶ所唯一の「一山二霊場」

■ご本尊　阿弥陀如来
■ご詠歌　笛の音も松ふく風も琴ひくも歌うも舞うも法のこえごえ

２つの寺名が記された山門

香川県●涅槃の道場

MAP P109

■67番大興寺から
◆徒歩／国道３７７号へ出て、路傍の石地蔵を目印に脇の道へ。楠の巨木がある金神神社を過ぎ、道標にしたがいながら道なりに観音寺市街地へ向かう。約９㎞、２時間30分。
◆車／徒歩ルートと同じ。約９㎞、約20分。
◆公共交通／この区間にはない。

●1つの境内に2つの札所

財田川《さいたがわ》の河口付近、瀬戸内海の海を見下ろす高台に広がる琴弾《ことひき》公園。その一角に、第68番札所神恵院と第69番札所観音寺が同じ境内に建っている。このように1つの境内に2つの札所があるというパターンは、四国八十八ヶ所で唯一ここだけ。境内入り口の仁王門にも、２つの寺名が記されている。

●境内の堂宇

仁王門から境内へ進み、石段を上がるとクスノキの巨木が茂り、右手には69番の本堂。クスノキの左手に愛染《あいぜん》堂、そして69番観音寺の大師堂。その先が68番神恵院の大師堂で、68番大師堂の脇、細い道の奥に建つ鉄筋コンクリートの建物が68番の本堂だ。ちなみにかつて境内奥の一段高いところに建っていた68番の本堂だった建物は、現在は薬師堂となっている。

●琴弾八幡宮との縁

２つの札所が共存するにいたった背景には、同じ琴弾公園内にある琴弾八幡宮という古社が大きく関わっている。琴弾八幡宮は大宝３年（７０３）の創建。伝承では、嵐の日、海上に漂う一隻の舟を発見した日証《にっしょう》上人が、船から琴の音色が流れてきたので浜辺に引き寄せてみると、中に宇佐《うさ》八幡神の姿があったというのだ。上人は八幡神を乗せた船を山頂まで引き上げ、社殿を造って琴弾八幡宮として祀り、別当寺として観音寺も開いた。

大同年間（８０６〜８１０）に弘法大師がこの地を訪れ、琴弾八幡宮の本地仏《ほんじぶつ》である阿弥陀如来を描いて琴弾八幡宮の本尊とした。そして琴弾八幡宮を68番札所に、別当寺を観音寺として69番札所に定めた。明治の神仏分離で琴弾八幡宮は四国霊場から外れ、琴弾八幡宮の本地仏は観音寺に移された。当時の観音寺には東西２つの金堂があり、八幡宮の本地仏《ほんじぶつ》は西金堂に移された。この西金堂が現在の神恵院となる。そしてかつての東金堂は、観音寺本堂となったのである。

本堂は鉄筋コンクリート建築

DATA

住 香川県観音寺市八幡町1-2-7
☎ 0875-25-3871
交 ＪＲ予讃線観音寺駅からタクシー10分
P あり(無料)　宿坊 なし

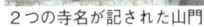

第69番札所

七宝山《しっぽうざん》 観音寺《かんのんじ》

多くの寺宝を伝える古刹

■ご本尊 聖観世音菩薩
■ご詠歌 観音の大悲の力強ければ おもき罪をもひきあげてたべ

クスノキの巨木を中心に、正面奥に本堂、左に愛染堂と大師堂

■68番神恵院から
◆徒歩・車・公共交通／同じ境内にある。本堂と大師堂は別々だが、納経所は2札所共通。

●弘法大師が第7代住職をつとめた

観音寺は、第68番札所神恵院と同じ境内に建つ。大宝3年（703）、日証《にっしょう》上人によって琴弾《ことひき》八幡宮の別当寺として建立されたのが始まり。大同年間（806〜810）、唐から帰国した弘法大師がこの地を訪れ、7代目の住職となった。

大師は聖観世音菩薩像を刻んで本尊とし、本尊を安置するために、琴弾山の中腹に堂宇を建て、周辺に47基の仏塔を建て、7種の宝物を埋め、山号を七宝山と改名。奈良の興福寺にならって、七堂伽藍《しちどうがらん》も建立した。寺名も観音寺と改名し、第69番札所に定めた。以後、桓武《かんむ》、平城《へいぜい》、亀山《かめやま》と歴代天皇の勅願所となるなど栄えた。

●本堂は国の重文

境内には樹齢1000年と伝えられるクスノキの大木が枝を張る。その楠の北側に本堂。金堂《こんどう》とも呼ばれ、国の重要文化財に指定されている建築物だ。文明4年（1472）から大永5年（1525）の間に大修復が施され、昭和36年（1961）にも解体修理されている。シンプルな寄棟建築でありながら室町建築らしい優美な建物で、特に屋根の曲線が美しい。この本堂には、本尊の聖観世音菩薩像が安置されているが、秘仏となっている。

本堂以外にも数多くの寺宝を持つ寺で、その多くは境内の宝物館に収められている。なかでも釈迦《しゃか》の臨終の姿を彫った釈迦涅槃像《ねはんぞう》は、藤原期の作品とされ、国の重要文化財。宝物館は年に2回、2月15日と4月8日のみ公開される。

本堂左手の石段を上ると薬師堂。そのかたわらから銭形《ぜにがた》展望台へ向かう遊歩道が続いている。展望台からは、有明浜の砂丘に描かれた周囲345mの「寛永通宝」の銭形を眺望できる。

室町建築の本堂は重要文化財

大師堂（左）と愛染堂

DATA

住 香川県観音寺市八幡町1-2-7
☎ 0875-25-3871
交 JR予讃線観音寺駅から車で10分
P あり(無料) 宿坊 なし

MAP P109

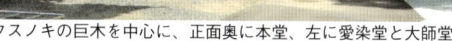

第70番札所

七宝山《しっぽうざん》 持宝院《じほういん》
本《もと》山《やま》寺《じ》

戦国時代の兵火を逃れた歴史的建造物

■ご本尊　馬頭観世音菩薩
■ご詠歌　本山に誰が植えける花なれや　春こそた折れ　た向けにぞなる

五重塔は明治の建築

五重塔をバックに建つ国宝の本堂

大師堂

香川県●涅槃の道場

MAP P109

■69番観音寺から
◆徒歩／財田川に沿って観音寺の市街地を歩く。約5㎞、約1時間20分。
◆車／徒歩ルートと同じ道。約5㎞、約10分。
◆公共交通／ＪＲ観音寺駅から予讃線2分本山駅下車。列車の運行時刻にもよるが、駅からの徒歩時間を考慮すると歩くほうが早いことも。

●本堂は国宝

第69番札所を後にして、財田川《さいたがわ》沿いの道を歩いていくとのどかな田園風景の向こうに五重塔が見えてくる。明治43年（1910）再建の第70番札所本山寺の五重塔である。

本山寺の創建は大同2年（807）。平城《へいぜい》天皇の勅願《ちょくがん》により、弘法大師が建立したという伝説が語り継がれている。天正年間（1573～1592）には、土佐の大名長宗我部《ちょうそかべ》元親《もとちか》に襲われたが、焼失は免れた。そうして21世紀の今もなお現存する建造物のひとつが仁王門だ。円柱の八脚門《はっきゃくもん》で、国の重要文化財に指定されている。

この仁王門をくぐって境内へ。正面には、寄棟《よせむね》造り、本瓦葺きの本堂が建っている。正安2年（1300）に建てられたもので、昭和30年の解体修理を経て今日も重厚な姿を見せている。鎌倉時代の寺院建築として国宝に指定されている建築物だ。ほか、天文16年（1547）建立とされる鎮守堂も見ておきたい。

●太刀受けの弥陀

本堂には本尊の馬頭観世音菩薩が安置されているが、秘仏となっている。本尊脇侍《わきじ》の阿弥陀如来は、「太刀受けの弥陀」とも呼ばれ、こんな言い伝えがある。長宗我部元親がこの寺へ攻め入ってきたとき、当時の住職は兵士たちの軍勢をくい止めようと、果敢にも身体をはって押しとどめた。だが、住職は兵士に腕を斬られてしまう。そうして境内に押し入った兵士たちの前に姿を現したのは阿弥陀如来像。その阿弥陀如来は、右ひじから血が流していた。兵士たちは驚いて境内から逃げ出していき、兵火から免れることができたのだという。

ちなみに馬頭観世音菩薩を本尊とするのは、八十八ヶ所ではこの寺のみ。馬が草を無心に食べるように、人間がもつ怒りや欲、悪心、悩みを食べてくれるといわれている。それにちなんで境内には2頭の馬の像がある。

重要文化財の仁王門

DATA

住 香川県三豊市豊中町本山甲1445
☎ 0875-62-2007
交 JR予讃線本山駅から徒歩20分
P あり(無料)　宿坊 なし

岩山を背後に建つ本堂

参道の石段

第71番札所

剣五山《けんごさん》 千手院《せんじゅいん》
弥谷寺《いやだにじ》

長い石段を上りつめた先にたたずむ古寺

■ご本尊 千手観世音菩薩

■ご詠歌 悪人とゆきづれなんも弥谷寺 ただかりそめも良き友ぞ良き

■70番本山寺から
◆徒歩／国道11号を北上し、県道２２１号を経由する。約13㎞、約3時間30分。
◆車／徒歩ルートと同じ。約13㎞、約25分。
◆公共交通／ＪＲ本山駅から予讃線16分詫間駅下車、三豊市コミュニティバスふれあいパークみの行き終点下車徒歩40分（三豊市コミュニティバスは日曜・祝日運休）。

●行基が開いた寺

標高３８２ｍの弥谷山。古くから神仏が宿る地とされた霊山で、中腹に建つのが第71番札所の弥谷寺だ。仁王門の手前にある俳句茶屋から境内までは石段が続く道。あたりは緑に囲まれ、山寺らしい静謐《せいひつ》な雰囲気に包まれている。

創建は天平年間（７２９〜７４９）。聖武《しょうむ》天皇の勅願により行基が開創したと伝えられる。幼き日の弘法大師はここで修行の日々を送り、後に再びこの山を訪れ、密教の秘法を修行。大師は千手観世音菩薩像を刻んで安置し、５本の剣と唐から持ち帰った金銅の五鈷鈴を納めて札所としたと伝えられる。

現在の堂宇は江戸時代中期に丸亀藩主京極《きょうごく》氏が再興したものである。

●大師堂には弘法大師が修行をした岩窟が

仁王門から石段を上がって参道を進むと、左右の岩壁には石仏が並ぶ。「灌頂川」と呼ばれるところで、神仏が集う伝説の山であることを感じさせられる。やがて、高さ約５ｍの金剛《こんごう》挙菩薩《けんぼさつ》像が目に入ってくる。ここから１０８段の階段を上がったところにあるのが大師堂だ。靴を脱いで大師堂に上がると、堂の奥に「獅子《しし》の岩屋」という岩窟があるが、これは真魚《まお》と名乗っていた幼い大師が学問に励み、修行した場所と伝えられている。

●岩壁に刻まれた磨崖仏《まがいぶつ》

山上の寺でありながら境内には多くの堂宇が建ち並ぶ。崖際に建つ多宝塔《たほうとう》、古ぼけた十王堂、観音堂。石段を上っていくと護摩堂や鎮守堂。そんななかで印象的なのは、岩壁に刻まれた「比丘尼谷《ひとにだに》の磨崖仏」だ。岩肌に阿弥陀三尊が刻まれ、その先、岩壁に覆われるようにして本堂が建っている。本尊の千手観世音菩薩像立像は秘仏。

岩肌に刻まれた「比丘尼谷の磨崖仏」

DATA

住 香川県三豊市三野町大見乙70
☎ 0875-72-3446
交 JR予讃線みの駅から車で15分。
P あり(有料) 宿坊 なし

崖際に建つ多宝塔

MAP P115

第72番札所

曼《まん》荼《だ》羅《ら》寺《じ》

我《が》拝《はい》師《し》山《ざん》　延《えん》命《めい》院《いん》

弘法大師の実家、佐伯家の寺として創建

■ご本尊　大日如来

■ご詠歌　わずかにも曼荼羅拝む人はただ　ふたたびみたびかえらざらまし

境内の中央に建つ本堂

■71番弥谷寺から

◆徒歩／雑木林の中の山道を下る。舗装路に出たら高速道路の下をくぐり、国道11号から道標にしたがって72番へ。約4㎞、1時間15分。

◆車／県道221号・国道11号経由。約5㎞、約10分。

◆公共交通／ふれあいパークみのから三豊コミュニティバス善通寺行き9分三井之江前下車（バスは1日3便）。

MAP P115

●八十八ヶ所中で屈指の歴史を誇る

善通寺市は弘法大師生誕の地で、大師が幼いころに修行した五岳山と呼ばれる山がある。香式山、筆の山、中山、火上山、我拝師山の五山で、そのひとつ、標高481mの我拝師山の北麓にあるのが曼荼羅寺だ。

この寺の歴史は古い。始まりは推古《すいこ》天皇の4年（596）。この地の豪族で弘法大師に連なる一族でもある佐伯家の氏寺として建立された。創建当初は世坂《よさか》寺と呼ばれていたが、大同2年（807）、唐から帰国した大師が現在の寺号の曼荼羅寺に改めた。大師が唐から持ち帰った金剛界《こんごうかい》、胎蔵界《たいぞうかい》の両界曼荼羅《りょうかいまんだら》を安置。そして、新たに堂宇を建立し、本尊大日如来を勧請して母・玉依御前《たまよりごぜん》の仏果菩提を祈ったと伝えられている。

●不老松で作った笠松大師の像

仁王門をくぐると、境内に本堂、護摩堂、大師堂、観音堂などが並ぶ。本尊の大日如来は春と秋の彼岸に開帳。観音堂には、檜一木造りの聖観世音菩薩立像を祀る。藤原期の仏像で県の指定文化財だ。

銘木の名残をとどめる笠松大師

境内にはかつて、弘法大師がここを曼荼羅寺と改めたとき、記念に手植えしたという不老の松（笠松）が枝を張っていた。県の自然記念物でもあったこの松は残念ながら平成14年（2002）に枯死。その幹を材として刻んだ仏像が、客殿前の小さなお堂に安置されている。笠松大師と呼ばれる坐禅を組んだ弘法大師像だ。

●漂白の歌人、西行《さいぎょう》も訪れた

この寺は平安時代末期の歌人、西行法師ともゆかりが深い。西行は、崇徳上皇の霊を祀る81番札所白峯寺を詣でた際、ここ曼荼羅寺の近くに草庵を結んだ。曼荼羅寺にもしばしば足を運んだという。境内には西行法師が昼寝をしたと伝えられる「昼寝石」や、旅人が桜の枝に笠をかけ忘れた出来事を詠んだ「笠懸桜《かさかけざくら》」の碑が残る。

DATA

住 香川県善通寺市吉原町1380-1

☎ 0877-63-0072

交 JR土讃線善通寺駅から徒歩5分の善通寺市役所前から市民バス吉原コース30分曼荼羅寺前下車、徒歩10分

P あり（有料）　宿坊 なし

■番外霊場　神野寺

弘法大師の築造と讃岐の水がめとして知られる満濃池は、周囲約20km、満水時貯水量1540万トンという、日本最大のため池だ。当初は真野池と呼ばれた小さな池だったが、弘仁9年（818）この真野池の堤防が決壊、その修復工事の指導者として呼ばれたのが弘法大師だった。大師海は唐での修行中に工巧明（くぎょうみょう・現代の土木工学）の知識を身につけており、さらには地元（讃岐善通寺）出身で、多くの人々が工事に参加してくれるという動員力も期待できた。

堤防の工事を終えた空海が、池を一望する丘の上に池の鎮護のため建立したのが神野寺。満濃池のほとりからなだらかな坂を上ると本堂があり、本堂の前からさらに坂を登ると、「満濃大師」と名付けられた像高3.3mの弘法大師像が、満濃池を見下ろして立つ。

●土讃線琴平駅からタクシー約15分。

第73番札所

出釋迦寺《しゅっしゃかじ》

我拝師山《がはいしさん》 求聞持院《ぐもんじいん》

7歳の大師が仏道に入る決意をした寺

■ご本尊 釈迦如来

■ご詠歌 迷いぬる六道衆生すくわんと尊き山に出ずる釈迦寺

出釈迦寺の境内。奥の階段を上ると遥拝所

香川県●涅槃の道場

MAP P115

■72番曼荼羅寺から

◆徒歩／田園風景のなかの道。0・5㎞、約10分。

◆車／徒歩ルートと同じ道。0・5㎞、約3分。

◆公共交通／この区間にはない。

●伝説の我拝師山を望む寺

曼荼羅《まんだら》寺から我拝師山を仰ぎながら農村風景が続く遍路道を10分も歩くと、73番札所出釈迦寺に着く。真魚《まお》と名乗っていた幼少のころの弘法大師が、捨て身で祈願した地とされ、お釈迦さまが姿を現したと伝えられることから出釈迦寺の名がある。

山門をくぐると参道は右に曲がる。その先正面に本堂があり、向かって右にどっしりと並び立つのは大師堂だ。本堂から左手の階段を上ると、標高481mの我拝師山の山並を望む遥拝所《ようはいじょ》がある。

●幼い日の弘法大師の捨て身の修行

我拝師《がはいし》山は古くは倭斯濃山《わしのやま》といい、弘法大師7歳のとき、この倭斯濃山の頂に足を踏み入れた。そして、「仏門に入って多くの人を救いたい。この願いがかなうならお釈迦さまよ、現れたまえ。願いがかなわぬなら命を捨ててこの身を諸仏に捧げる」。こう念じて断崖から飛び下りた。すると、落下する大師の下で紫雲がたなびき、釈迦如来と天女が現れ、天女が弘法大師を抱きとめたという。

こうして願いがかなえられた大師は釈迦如来像を刻んで本尊とし、山上に寺を建立。倭斯濃山の名を改め、我拝師山出釈迦寺として創建したと伝えられている。その後、大師が再びこの地を訪れたとき、虚空蔵求聞持《こくうぞうぐもんじ》の秘法を修め、院号を求聞持院としたという。江戸時代に山頂から現在の山麓に移転してきた。

●捨身《しゃしん》ヶ嶽禅定《ぜんじょう》と呼ばれる奥ノ院

遥拝所から我拝師山のほうを仰ぎ見ると、山上に見えるのは奥ノ院。捨身ヶ嶽禅定と呼ばれ、大師が身を投げたと伝えられる断崖である。ここ出釈迦寺の境内からは約1・8㎞、急な山道を歩いて40分ほどだが、道のりは険しく修行の道といった趣。観光気分では足を運びたくはないが、奥ノ院からの讃岐平野の眺望は素晴らしい。

捨身ヶ嶽遥拝所

DATA

住 香川県善通寺市吉原町1091

☎ 0877-63-0073

交 JR土讃線善通寺駅から徒歩5分の善通寺市役所前から市民バス吉原コース30分曼荼羅寺前下車、徒歩10分

P あり(無料)　宿坊 なし

第74番札所

大師の満濃池治水の偉業を伝える寺

医《い》王《おう》山《ざん》　多《た》宝《ほう》院《いん》
甲《こう》山《やま》寺《じ》

■ご本尊　薬師如来
■ご詠歌　十二神みかたにもてるいくさには　己と心かぶと山かな

山門の正面に本堂が

■73番出釋迦寺から
◆徒歩／72番曼荼羅寺の門前を通って県道48号から田んぼのなかの道へ。約2km、約40分。
◆車／県道48号から弘田川沿いの道へ。約2・5km、約5分。
◆公共交通／この区間にはない。

●毘《び》沙《しゃ》門《もん》天《てん》の岩壁

田園風景のなかを歩いていくと、標高87mの小高い甲山が見えてくる。その甲山のふもとにたたずむ札所が甲山寺だ。

山門をくぐって境内へ入ると正面に本堂。境内の奥には毘沙門堂があり、岩窟の中に須弥壇《しゅみだん》が設けられ、毘沙門天が祀られている。

この毘沙門天には伝説がある。大師が善通寺と曼荼羅寺の間に伽藍《がらん》を建てようと霊地を探していた。すると、甲山の中腹で白髪の老人が現れ、「ここが探し求めていた聖地なり。この地に寺を建てよ」と告げられた。大師はさっそく、石を削って毘沙門天象を刻み、山の岩窟に安置したと伝えられている。

●日本最大のため池「満濃池《まんのういけ》」との関わり

香川県は温暖少雨で、慢性的に水不足となりやすい気候のため、かんがい用に多くのため池が造られている。なかでも最大のものが仲多度郡まんのう町にある満濃池だ。周囲約20km、貯水量1540万トンで、これは日本国内でも最大のため池。この池が甲山寺の成立に大きな関わりを持っている。

満濃池は過去に何度も堤防が崩れて決壊し、その都度修復されてきた。そうした歴史のなかに弘法大師の名がある。9世紀の初め、決壊した満濃池の修復工事の指導者として、唐で仏教のほか工巧明《くぎょうみょう》（現在の土木工学）も学んだ弘法大師に白羽の矢が立ったのだ。大師は工事完成祈願をして薬師如来を彫り、人々を指揮。そしてわずか3ヶ月で修復工事を終えたという。この伝説から、満濃池へ足をのばして、大師の偉業を再確認していく遍路も少なくない。

大師は満濃池修復工事完成の報奨金を朝廷から賜ると、その一部で甲山に堂宇を建立した。本尊は工事の無事を祈願して刻んだ薬師如来像。これが甲山寺のルーツである。長い歳月を経た今、本尊の薬師如来像は秘仏として本堂に安置されている。

大師堂(左)と本堂が並んで建つ

DATA

住　香川県善通寺市弘田町1765-1
☎　0877-63-0074
交　JR土讃線善通寺駅から徒歩40分
P　あり(無料)　宿坊　なし

MAP P115

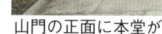

第75番札所

弘法大師生誕の地に建つ

五《ご》岳《がく》山《ざん》　誕《たん》生《じょう》院《いん》

善《ぜん》通《つう》寺《じ》

■ご本尊　薬師如来

■ご詠歌　われ住まばよもきえはてじ善通寺
深きちかいの法のともしび

重層入母屋造の金堂

■74番甲山寺から

◆徒歩／弘田川沿いの道から住宅地を抜けていくと善通寺東院と西院の間の道に出る。1・5㎞、約25分。

◆車／弘田川沿いの道から県道48号を経て善通寺西側の大駐車場へ。1・5㎞、約3分。

◆公共交通／バスの便もあるが、歩くほうが早い。

MAP P115

●弘法大師三大霊跡のひとつ

善通寺は弘法大師誕生の地。弘法大師の生家である佐伯《さえき》氏の屋敷があったところだ。真魚《まお》（弘法大師の幼名）の父・佐伯直田公善通《あだたきみなおみち》は讃岐の国造《くにのみやつこ》に連なる家柄で、多度《たど》郡（現在の多度津から善通寺周辺）の郡司《ぐんじ》を務めていた。

一方、母の玉寄御前《たまよりごぜん》の実家筋の阿刀《あと》氏は、当時の日本でトップクラスの学者の家柄。叔父の阿刀大足《おおたり》は桓武天皇の皇子伊予親王の侍講（専属教師）を務めたほどだ。幼き日の真魚はこの、叔父である大足から学問を学んだ。

青年時代には四国の山野を歩き久修連行の日々を過ごす。延暦23年（804）31歳で唐に渡り、恵果《けいか》和尚と出会って密教の大法を授けられ、帰国後は京都高雄山寺で修法。弘仁10年（819）に高野山を開き、同14年（823）には平安京鎮護の寺として東寺を朝廷から給預され、堂塔を建立して密教による国家鎮護の道場とした。

この、修行の聖地・高野山と、根本道場・東寺という真言密教ふたつの聖地に対し、善通寺は生誕の聖地ということになる。

寺伝によれば善通寺の創建は大同2年（807）。唐から帰国した弘法大師が、真言宗最初の根本道場として、唐の都長安《ちょうあん》の青龍寺を模して建てたとされている。真魚と呼ばれていた幼い日に捨て身の修行をした伝説の我拝師山がある五岳を山号とし、父・善通の名を寺号とした、とされている。

真言宗善通寺派の総本山であり、高野山・東寺と合わせて弘法大師の三大霊跡とされている名刹だ。

●東西二つの寺院

広大な境内は東西二つに分かれている。74番甲山寺から歩いてくると東院と西院の間の道に出る。車の場合は西院西側の駐車場から境内に

善通寺のシンボル的存在の五重塔

西院西側の鐘楼門

西院仁王門と御影堂へ続く回廊

入る。だが、いずれの場合も、順序からいえば金堂（本堂）がある東院から参拝するのがいいだろう。

●南大門と五重塔

JR土讃線の善通寺駅から参道を歩いてくると、唐破風《からはふ》を持つ屋根が格式を感じさせる南大門が遍路を出迎える。この門をくぐった一帯が東院だ。

南大門から境内に入ると右手に目立つのが善通寺のシンボル的存在となっている五重塔。創建以来何度か火災に遭ってそのたびに再建を繰り返したといい、現在の塔は仁孝《にんこう》天皇の綸《りん》旨《じ》を賜わり弘化2年（1845）から60年あまりの歳月をかけて再建されたものだ。高さ43mは四国の塔としては最大だ。

東院の入口となる南大門

五重塔近くにはクスノキの巨木。弘法大師の幼少時代にすでに葉を茂らせていたといわれる古木だ。

●金堂《こんどう》には丈六《じょうろく》の薬師如来が

南大門から正面に見える金堂が善通寺の本堂。入母屋《いりもや》屋根の下層に裳階《もこし》をつけた重層入母屋造の建物で、元禄12年（1699）の再建。基壇の石組みには創建当時の礎石が使われているという。堂内に入ると、本尊の薬師如来像が出迎える。四国では数少ない金色の丈六仏。高さ約3mの仏像だ。

金堂の前には舟の形をした巨石の手水鉢。東院にはほかに、釈迦堂（常行堂）、法然上人逆修塔、足利尊氏利生塔、佐伯氏祖廟などがある。

●伝説と史跡が彩る西院

東院を中門から出ると、東院と西院を結ぶ参道。ほどなく西院仁王門だ。仁王門からは廻廊が正面の御影堂《みえどう》（大師堂）まで続く。左手には御影の池。弘法大師が唐へ向かう前にこの池で自らの姿を映して自画像を描き、母の玉寄御前に贈ったといわれるところだ。

弘法大師生誕の地に建つ御影堂

●弘法大師の聖地、御影堂

御影堂は佐伯氏屋敷の建物があったところとされている。つまり弘法大師はここで生まれたのだ。

御影堂には戒壇《かいだん》めぐりがある。地下にめぐらされた真っ暗な回廊を手探りで進み、弘法大師生誕の聖地を詣でるというものだ。灯りのひとつすらない真の闇のなかを歩く。大師誕生の地とされる場所の真下までたどり着くと、そこでは現代の技術によって再現された弘法大師の肉声を聞くことができるのだ。

戒壇めぐりを終えると、廊下を伝って弘法大師産湯の井戸へ。

拝観順路はその先宝物館へと続く。大師が経文を書き、玉寄御前が仏さまを描いたという一《いち》字《じ》一《いち》仏《ぶつ》法《ほ》華《け》経《きょう》序《じょ》品《ぼん》（国宝・通常は複製を展示）はぜひ見たい。

DATA

住 香川県善通寺市善通寺町3-3-1
☎ 0877-62-0111
交 JR土讃線善通寺駅から徒歩25分
P あり（有料）
宿坊 50室、約250名収容。平成16年（2004）に完成した建物で、天然温泉の大浴場は広々として観光ホテルを思わせる。食事は1階の大食堂でいただく（朝・夕食ともに和定食）。朝のお勤めは原則参加。宿泊は事前に要予約。1泊2食付き8000円。年末年始は休館（休館日は問合せを）。
※宝物館と戒壇めぐりは8～17時（受付は16時30分まで）、拝観料は共通で500円。

MAP P115

第76番札所

鶏足山《けいぞくざん》 宝幢院《ほうどういん》 金《こん》倉《ぞう》寺《じ》

智証大師円珍生誕の地

■ご本尊 薬師如来

■ご詠歌 誠にも神仏僧をひらくれば 真言加持のふしぎなりけり

大師堂は約270年前の建築

仁王門から本堂へ石畳の参道が続く

乃木将軍妻返しの松。現在は3代目

■75番善通寺から
◆徒歩／善通寺東院から善通寺駅方面へ向かい、土讃線を立体交差で越えて、国道319号へ。国道の東側に並行する旧道を歩く。約4㎞、約1時間。
◆車／国道319号を利用。約4㎞、約10分。
◆公共交通／善通寺駅からJR土讃線2分金蔵寺駅下車。

●智証大師《ちしょうだいし》円珍ゆかりの寺

善通寺から住宅街のなかの道を進んでくると、どっしりとした仁王門が見えてくる。境内に入ると正面の本堂へと石畳が続く。本堂は比較的新しい建物で、全体的に整然とした印象を受ける寺だ。

この寺は地元の豪族であった和気道善《わけのどうぜん》が宝亀5年（774）に開いた寺。当初は道善の名から道善寺と称した。それから40年ほどたって、この寺に男児が誕生する。弘法大師の姪の子、（甥との説もある）広雄《ひろお》だ。広雄は幼いころから経典を読むなど並外れた才能を示した。比叡山で修行をし、その後唐へ渡り、帰国後、生まれたこの寺に戻り堂塔を建立、薬師如来を刻んで安置した。その後は比叡山に戻り、比叡山延暦寺の5代目の座主となった。また大津（滋賀県）に園城寺《おんじょうじ》（三井寺）を中興した。

この広雄とは、智証大師円珍《ちしょうだいしえんちん》、天台寺門《じもん》宗の祖として知られる人物である。

●大師堂に二人の大師が祀られる

寺はその後、醍醐天皇の勅願寺となり、寺号は金倉寺と改められた。

こうしたいきさつから、この金倉寺の大師堂には弘法大師と智証大師、さらに天台大師、伝教大師が祀られている。大師堂にはほかに、山岳修験の祖とされる役行者（神変大菩薩《しんぺんだいぼさつ》）も祀っている。四国霊場で大師堂に弘法大師以外が安置されるのは数少ないことだ。

●明治時代には乃木《のぎ》将軍が寄寓

仁王門から本堂へ向かう右手には「乃木将軍妻返しの松」がある。乃木将軍は明治31年（1898）、四国の第十一師団長としてこの地に赴任した。そのとき乃木はこの寺を仮住まいとしたが、その期間は2年半にも及んだ。その赴任中に静子婦人が訪ねてきたが、将軍は夫人に会うことを潔しとしなかった。静子夫人が夫に会えず思案にくれてたたずんでいたのがこの松の木の前だという。

DATA

住 香川県善通寺市金蔵寺町1160
☎ 0877-62-0845
交 JR土讃線金蔵寺駅から徒歩8分
P あり(有料)　宿坊 なし

第77番札所

眼なおし薬師として親しまれてきた

桑多山《そうたざん》 明王院《みょうおういん》 道隆寺《どうりゅうじ》

■ご本尊 薬師如来

■ご詠歌 ねがひをば仏道隆に入りはてて菩提の月を見まくほしさに

本堂は江戸時代の建物

■76番金倉寺から
◆徒歩／住宅街のなかを進む、全体にのどかな雰囲気の道。約3・9km、約1時間15分。
◆車／県道25号、県道21号経由。約4・5km、約10分。
◆公共交通／金蔵寺駅からJR土讃線4分多度津駅下車。

●豪族と乳母の悲しい伝説

この寺のある一帯は、奈良時代の昔は桑畑が広がり、葉を蚕《かいこ》の飼料にして絹を生産していたのだという。これが山号の桑多山の由来である。縁起によると、天平勝宝年間（749〜757）、その桑畑に怪しい光が出現。その怪光に向かって果敢にも矢を放ったのはこの地を治めていた豪族の和気道隆《わけのみちたか》（76番金倉寺を創建した和気道善《みちよし》の弟）。ところが道隆は誤って乳母を弓で射て死なせてしまう。悲しんだ道隆は、乳母を弔うために桑の木で薬師如来の像を刻み、小さなお堂を建てた。それがこの寺の始まりと伝えられている。

その後、道隆の子で、弘法大師の弟子にあたる朝祐《ちょうゆう》法師という僧が七堂伽藍を建て、寺号を道隆寺に改称した。

●本堂は16世紀末の再建

道隆寺は、天延4年（976）の大地震による被害や、戦国時代の兵火による焼失を乗り越えて再興。現在の本堂は、天正14年（1586）、30代目の法院《ほういん》住職によって再建されたものである。堂内の礼堂《らいどう》は瓦敷きの床で、礼堂までは入って拝観することができるが、堂内に安置されている薬師如来像は50年に1度しか開帳されることのない秘仏である。

観音像が立ち並ぶ境内

堂々とした構えの仁王門をくぐると、参道には250体余りのブロンズの観音像が並ぶ。

本堂の右手に建つのは寛永7年（1630）建立の大師堂。大師堂の前には、弘法大師像と、その前にひざまづく遍路の開祖、衛門三郎《えもんさぶろう》の像がある。

●潜徳院殿《せんとくいんでん》堂

本堂裏手にあるのは潜徳院殿堂。「め」の文字を書いた祈願札が堂内に納められている。ここは江戸時代の丸亀藩の御典医で、眼科の達人と評された京極左馬造公《きょうごくさまのみやつこぎみ》（潜徳院）を祀るところ。京極左馬造公は幼いころは盲目だったが、薬師如来の慈悲により光を得て、医学を学んで御典医となったと伝えられる。これが本尊の薬師如来信仰と結びつき、「目なおし薬師さま」として厚く信仰されてきた。

DATA

住 香川県仲多度郡多度津町北鴨1-3-30
☎ 0877-32-3577
交 JR予讃線多度津駅から徒歩20分
P あり(無料) 宿坊

MAP P115

第78番札所

仏《ぶっ》光《こう》山《ざん》 広《こう》徳《とく》院《いん》
郷《ごう》照《しょう》寺《じ》

瀬戸内海を望む高台にある古刹

■ご本尊 阿弥陀如来

■ご詠歌 おどりはね念仏申す道場寺 拍子をそろえ鐘をうつなり

2階の屋根と唐破風が印象的な本堂。左の石段を上ると大師堂

■77番道隆寺から
◆徒歩／県道22号から県道33号へ。交通量が多い幹線道路を行く。約7㎞、約2時間。
◆車／徒歩ルートと同じ道。約7㎞、約20分。
◆公共交通／多度津駅からJR予讃線10分宇多津駅下車。

MAP P123

●瀬戸大橋を望む厄除けうたづ大師

香川県の中央部、瀬戸大橋を眺望する町、ここで厄除けうたづ大師として親しまれているのが78番札所郷照寺だ。毎月20日の縁日には多くの参詣客でにぎわう。青ノ山北麓に位置する高台にある寺で、境内からは瀬戸大橋と瀬戸内海の眺めが素晴らしい。

創建は神亀2年（725）。行基が阿弥陀如来像を刻んで安置し、道場寺と名付けた。その後、大同2年（807）、弘法大師がこの地で厄除けの誓願をし、郷照寺と寺号を改めて札所に定めたとされる。

池を中心にした庭園

●八十八ヶ所で唯一の時宗《じしゅう》の寺

この寺は時宗の開祖上人のゆかりの寺でもある。念仏札を配って全国を行脚して教えを説いた一遍上人が正応2年（1289）、讃岐にやってきて善通寺などを訪ねた。その折にここ郷照寺にも滞在し、堂宇を修復して中興。以後、踊り念仏の道場として発展するが、戦国時代に軍の兵火で焼失してしまう。江戸時代に入って寛文4年（1664）に高松藩主によって再興。このときに一遍上人にちなんで時宗と真言宗の二宗派となった。四国八十八ヵ所で唯一の時宗の寺である。

●境内の見どころ

本堂は二層の屋根が印象的な建築物で、江戸時代初期の建築。堂内には鎌倉時代後期の作とされる本尊の阿弥陀如来（秘仏）が安置されている。本堂の脇には青面金剛と三猿（見ざる、言わざる、聞かざる）を祀る庚申堂があり、詣でると病気平癒に霊験あらたかとか。庚申堂の左には「さぬきの三大ポックリさま」のひとつといわれる、柔和な表情をした石仏もある。

このほかに女性の守り神である粟島明神堂、無数の小さな観音像が並ぶ万躰観音洞、郷照寺を守ってきたタヌキを祭神にした常盤明神、池を中心にした池泉鑑賞式庭園などがある。

DATA

- 住 香川県綾歌郡宇多津町1435
- ☎ 0877-49-0710
- 交 JR予讃線宇多津駅から徒歩20分
- P あり(無料) 宿坊 なし

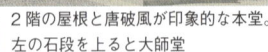

■番外霊場　海岸寺

海岸時はその名の通り備後灘の海岸に建つ古刹。この寺は弘法大師の産屋の跡地とされる。予讃線海岸寺駅前から延びる道の正面に海岸寺の山門。山門をくぐるとすぐに本堂。弘法大師産屋跡とされるのは奥の院。山門を出で右に進み、200 メートルほど先で左の路地に入り、踏切を渡った先、本堂から 10 分ほど歩いたところにある。こちらの境内は広く、四天王を安置した壮大な鐘楼門の奥には、産湯に使う水を汲んだ「産湯の井戸」や、身体を拭いた手ぬぐいを掛けた「湯手掛けの松」など大師ゆかりの史跡があり、正面に大師堂（御盥堂）。大師堂の背後の小高い丘の一帯には「まんだら園」が整備され、大塔や文殊堂、ミニ四国八十八ヶ所などが点在。丘の上には瀬戸内の眺望が楽しめる休憩所もある。

●予讃線海岸寺駅から徒歩 3 分。

第79番札所

金《きん》華《が》山《ざん》 高《こう》照《しょう》院《いん》 天《てん》皇《のう》寺《じ》

崇徳天皇ゆかりの地に神社と同居する

■ご本尊 十一面観世音菩薩

■ご詠歌 十楽の浮世の中をたずぬべし 天皇さえもさすらいぞある

■78番郷照寺から

◆徒歩／県道33号や、坂出駅付近の繁華街を歩く。全体に交通量の多い幹線道路。約5・8㎞、約1時間30分。

◆車／県道33号線。約6㎞、約15分。

◆公共交通／宇多津駅からJR予讃線8分八十場駅下車。

MAP P123

白峰宮参道から左折すると、本堂

鳥居からのびる参道正面には白峰宮

八十場の水

●鳥居をくぐって境内へ

ＪＲ八十場《やそば》駅から田園地帯の道を行くと、見えてくるのは寺の山門ならぬ朱色の鳥居。それも、左右に脇鳥居を持つ三輪《みわ》鳥居という形式で、瓦葺きにして格式を高めた鳥居だ。鳥居には「崇徳《すとく》天皇」の額。この鳥居から先が天皇寺の境内なのだ。

寺の創建は弘仁年間（８１０〜８２４）。弘法大師がこの近くに湧く泉で霊感を得て、霊木で十一面観世音菩薩を刻み、一堂を建立。妙成就寺と名付けたと伝えられている。この寺が性格を変えるのは平安時代の末のことだ。

●霊泉「八十場《やそば》の水」

弘法大師が霊感を受けたと伝わる霊泉は「八十場の水」といわれ、寺から西へ10分ほど歩いたあたりで今もこんこんと湧き続けている。

この泉が、崇徳天皇（崇徳院）の秘話を伝える。崇徳院は皇位継承をめぐって弟の後白河天皇と対立。これが武士たちを巻き込む争いとなった。保元の乱（保元元年＝１１５６）だ。戦いに敗れた院は讃岐国へ流され、失意のなか、46歳で崩御した。

崇徳院の亡骸が荼毘《だび》に付されるまで、３週間近く安置されていたのが、生前の院がしばしば足を運んだというこの寺だった。亡骸は霊泉の水で清められ、その顔はまるで生きているようだったという。

●悲運の崇徳院にまつわるエピソード

生前の崇徳院は、讃岐での日々をひたすら写経で過ごし、３年がかりで完成させた膨大な写経を都に送った。しかし都はこれを受け取らなかった。このため院は人々を呪いながら亡くなったという。その後、都で異変が続いた。「崇徳院のたたり」と恐れた朝廷は、崇徳院の霊を慰めるため、ここに崇徳天皇社（現在の白峰宮）を造営、寺号も崇徳天皇寺と改めた。

弘法大師作という本尊の十一面観世音菩薩は7月の御開帳大般若法要のときに開帳される。本堂の奥には白峰宮が鎮座し、「天皇さん」と呼ばれ、親しまれている。なお、崩御した崇徳上皇が祀られているのは、上皇の御陵に隣接する第81番白峯寺である。

DATA

住 香川県坂出市西庄町天皇1713-2

☎ 0877-46-3508

交 JR予讃線八十場駅から徒歩5分

P あり(200円)　宿坊 なし

82番
根香寺
80番
國分寺
根香寺仁王門の
金剛力士像
崇徳天皇陵
県道180号線
崇徳天皇陵
さぬき浜街道
(県道161号線)
五色台スカイライン
足尾大明神
82番
根香寺
81番
白峯寺
尾根線を行く
快適な山道
83番一宮寺へ
国指定史跡讃岐遍路道
根香寺道　十九丁
山間の舗装路。
車は比較的多く、
歩行には注意
修行大師像
展望休憩所
急坂の山道。途中、白い
岩肌がむき出しになった
光景が印象的
79番天皇寺から
史跡
讃岐国分寺跡
予讃線に沿った道。
平坦で歩きやすい
80番
國分寺
讃岐国分寺跡資料館
せと国民旅館
国道33号
高松へ
予讃線
かもがわ
坂出へ
はしおか
国道11号
うどん山下
こくぶ
ホテルジェンティール
出光
GS
前谷
さぬきふちゅう
国道11号を立体
交差でくぐる
0
1
2km

仁王門の金剛力士

臥龍の松が飾る仁王門

第80番札所

讃岐の国分寺の風格が漂う

白《はく》牛《ぎゅう》山《さん》 千《せん》手《じゅ》院《いん》

國《こく》分《ぶん》寺《じ》

香川県●涅槃の道場

MAP P125

■ご本尊　十一面千手観世音菩薩

■ご詠歌　国を分け野山をしのぎ寺々に　詣れる人を助けましませ

松並木の参道

■79番天皇寺から
◆徒歩／県道33号と国道11号を歩く。交通量が多い幹線道路。約7㎞、約2時間。
◆車／徒歩ルートと同じ。約7㎞、約15分。
◆公共交通／八十場駅からJR予讃線8分国分駅下車。

●行基《ぎょうき》による建立

奈良時代、仏教を保護し、天平文化の立役者としての役割を果たした聖武《しょうむ》天皇。その聖武天皇が国家鎮護を祈願して、全国各地に国分寺と国分尼寺を建立する勅命を出したのが、天平13年（７４１）。この「国分寺建立の詔《みことのり》」によって讃岐国に建てられたのが、ここ國分寺だ。開基となった僧は行基。行基といえば奈良時代、国家仏教に対する民間仏教の伝道者として民衆から支持され、各地に橋を架け、温泉を発見し、寺院を建立するなど数多くの業績が伝えられる高僧である。一度は宗教活動を禁止されるなど弾圧されながらも意志を貫き、後年には僧侶としては最上位の大僧正にまで任命された。

各地の国分寺には行基が開基という伝承が少なくない。だが、本尊も行基の作といわれるところは多くはない。ここ讃岐国分寺はそんな行基作の仏像が伝わる寺でもある。

●広大な境内に奈良時代の史跡が

みやげ店などが並ぶ門前町から仁王門へ。仁王門の前には枝を水平に広げた松の木が植えられており、遍路を出迎えてくれる。

仁王門から本堂へ伸びる参道沿いは松並木になっており、松の根元には四国八十八ヶ所の本尊を石仏として並べたミニ八十八ヶ所が設けられている。

そんな参道の右側には、天平時代の讃岐国分寺の遺構が残されている。それが七重塔跡。心《しん》礎《そ》を中心に15個の礎石が残されている。礎石の中央には石造五重塔が建てられているが、この石塔は鎌倉時代のものだ。

発掘調査によると、讃岐国分寺の寺域は東西２２０ｍ、南北２４０ｍ。現在本堂が建つのはかつての講堂跡。本堂の手前には、33個もの大きな礎石が点在しているが、これは天平時代の金堂の跡だ。また、本堂の西側には掘立建物の跡もある。

●伝説を伝える鐘楼

七重塔跡から少し行くと、鐘楼《しょうろう》がある。ここにある銅製の梵鐘《ぼんしょう》は、國分寺創建の聖武天皇の時代に鋳造されたといわれるもので、香川県内では最古の梵鐘であり、国の重要文化財に指定されている。

この梵鐘は古くから音色のよさで名を馳せて

重文の銅鐘

白い塔が大師堂。右の納経所から参拝する

七重塔の礎石。鎌倉時代の石塔もある

いた。こんな逸話がある。江戸時代の初め、讃岐藩主の生駒一正《いこまかずまさ》はこの鐘の音の素晴らしさに聞きほれ、城下に時を告げる時の鐘として用いたい、と申し出て、寺に水田を寄進し、鐘を高松城下に持ち帰った。ところが城下ではいくら鐘をついてもいい音がしない。それどころか藩主一正は病に倒れてしまった。そして、和正の夢枕に毎晩のように鐘の幻が出現し、「もとの国分へ帰る」と涙を流したという。さすがの殿様もこの怪異にはなすすべがなく、鐘のたたりを恐れ、梵鐘を國分寺に返したという。

●鎌倉時代建立の本堂

讃岐国分寺は律令制度の消滅とともに衰退してしまうが、鎌倉時代に再興。が、天正年間（1573～1592）に兵火によって伽藍《がらん》のほとんどを焼失する。そんななかで残ったのが本堂と鐘楼である。本堂は鎌倉中期の建造物で、国の重要文化財に指定されている。柱間《はしらま》五間と左右への広がりを見せる正面に、シンプルな和様の組物。屋根はどっしりとした印象の入母屋《いりもや》造。繁垂木《しげだるき》の軒下など、歴史を重ねてきた建物ならではの美しさがある。

本尊の十一面千手観世音菩薩は行基の作といわれ、弘仁年間（810～824）に弘法大師が仏像の損傷箇所を補修して第80番札所に定めたと伝わる。

本尊は高さ5・2mもの立像。長い時を経て現在本堂に安置されているが、秘仏で開帳はされない。

本堂の東側の本坊に向かうと、小さな門の奥に納経所がある。大師堂らしき建物が見当たらないが、実は納経所に隣接する多宝塔のような建物が大師堂だ。この大師堂には納経所から参拝する。建物の中の遥拝所といった感じだ。周囲は遍路用品やみやげ物などが並べられた売店となっている。

●天平の甍《いらか》の面影をたどる

この國分寺のある一帯は讃岐国分寺跡として国の特別史跡に指定されている。境内の裏手には往時の10分の1の規模で讃岐国分寺の模型が設置されている。その近くの讃岐国分寺資料館では国分寺跡からの出土品や、考証に基づいて復元した築地塀、当時の僧坊の内部などが展示されている。天平の昔に思いをはせてみるのもまた興味深い。

本堂は鎌倉時代の建築で国指定重要文化財

DATA

住 香川県高松市国分寺町国分2065
☎ 087-874-0033
交 JR予讃線国分駅から徒歩5分
P あり（無料）　宿坊 なし

第81番札所

綾松山《りょうしょうざん》　洞林院《どうりんいん》
白峯寺《しろみねじ》

崇徳上皇の悲話を今に伝える古刹

■ご本尊　千手観世音菩薩
■ご詠歌　霜さむく露しろたえの寺のうち　み名をとなうる法の声々

本堂（左）と大師堂が並んで建つ

■80番国分寺から
◆徒歩／史跡の讃岐国分寺跡から峠越えの急坂を登る。修行大師像の先からは舗装路。約６km、約2時間30分。
◆車／国道11号を西へ走り、五色台スカイラインから白峯寺へ。約13km、約30分。
◆公共交通／この区間にはない。

香川県●涅槃の道場

MAP P125

●独特の形式の七棟門《ななむねもん》

瀬戸内海に臨む五色台は、赤峰、黄ノ峰、青峰、黒峰、白峰山の5峰からなる景勝地だ。その一つ、白峰山の中腹、標高260m前後の山間に建つのが白峯寺である。

創建は弘仁6年（815）。弘法大師が山頂に宝珠を埋め、一堂を建てたのが始まり。貞観2年（860）には智証大師円珍《ちしょうだいしえんちん》がこの地を訪れ、白峯大権現に導かれて千手観世音菩薩を刻んで本尊としたという。

この寺の山門は5つの瓦屋根が段差をつけて連なる独特の形式。七棟門《ななむねもん》といい、享保3年（1718）の建造物だ。門をくぐると客殿、護摩堂、納経所などが並ぶ。

七棟門という独特の形式の山門

●崇徳上皇の霊を祀る

護摩堂の前で左へ曲がると、正面に勅額《ちょくがん》門。その先に崇徳上皇（崇徳院）の御廟所《ごびょうしょ》である頓証寺殿《とんしょうじでん》がある。崇徳院は皇位継承をめぐって弟の後白河天皇と対立し、保元の乱（1156）を起こすが、敗れて讃岐国へ流され46歳で非業の死を遂げた。その亡骸を埋葬したのが頓証寺殿の奥にある白峯御陵だ。

●玉章《たまずさ》の木

崇徳院は「鳴けば聞く　聞けば都の恋しきにこの里過ぎよ　山ほととぎす」という歌を残している。ホトトギスの鳴き声を耳にすると都を思い出して心が乱れるという歌だ。だからこの山のホトトギスは、木の葉をくちばしに巻いて、声を抑えて鳴くという伝説がある。この木の葉にちなむのが、勅額門の手前にあるケヤキの木。玉章《たまずさ》の木とも呼ばれる。

●多くの堂宇が国指定重要文化財

勅額門から石段を上ると、薬師堂や行者堂、本堂、大師堂、阿弥陀堂などが建つ。本堂は慶長4年（1599）、大師堂は文化8年（1811）の建築。本堂、大師堂、七棟門など9棟及び勅額門、頓証寺殿は国の重要文化財に指定されている。

崇徳院霊廟の頓証寺殿

DATA

- 住　香川県坂出市青海町2635
- ☎　0877-47-0305
- 交　JR予讃線坂出駅からタクシー30分
- P　あり(無料)　宿坊　なし

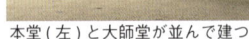

第82番札所

青峰山《あおみねさん》 千手院《せんじゅいん》

根香寺《ねごろじ》

景勝地五色台の青峰に建つ

■ご本尊 千手観世音菩薩

■ご詠歌 宵の間のたえ降る霜の消えぬれば あとこそ鉦の勤行の声

本堂

大師堂

■81番白峯寺から

◆徒歩／七棟門を出たら左へ。しばらくは雑木林のなかの山道を歩き、足尾大明神のところから舗装路に出る。約4・6㎞、およそ90分～2時間。

◆車／県道180号線を走る。約8㎞、約20分。

◆公共交通／この区間にはない。

●弘法大師が開き、智証《ちしょう》大師が発展させた

根香寺は五つの峰々からなる五色台の青峰に建つ札所。寺伝によると創建は弘仁年間（810～824）。弘法大師が五つの山に五智如来を感得し、五大明王を祀って花蔵院《けぞういん》を建立。その後、天長9年（832）、智証大師円珍《ちしょうだいしえんちん》（母親が弘法大師の姪）がこの地を訪れ、霊木で千手観音像を刻んで千手院《せんじゅいん》を建立。その霊木の根株が香りを放っていたことから、根香寺が寺名になった。このことから花蔵院と千手院を総称して根香寺と呼ばれるようになったという。

●特徴的な伽藍配置

仁王門をくぐって境内へと進むと、いったん石段を下り、その先で上るという変わったアプローチになっている。

さらに石段を上ると五大堂。弘法大師にゆかりのある五大尊（五大明王）の木像を安置している。鎌倉時代の作とされる不動明王をはじめ、江戸時代の作とされる降三世《ごうざんせい》明王、軍荼利《ぐんだり》明王、大威徳《だいいとく》明王、金剛夜叉《こんごうやしゃ》明王の木造五大尊像だ。

本堂へはさらに石段を上る。手前には万体観音堂がある。左右にコの字形に伸びた回廊式の建物で、堂内には全国から寄進された約3万体もの観音像が並ぶ。本堂へは万体観音堂を経て参拝する。本尊の千手観音菩薩像（重要文化財）は秘仏で、ご開帳は33年に1度。次のご開帳は2036年だ。

●伝説の牛鬼《うしおに》の像

根香寺はまた、牛鬼伝説の寺として知られる。その昔、青峰に住みついた鬼を、弓の名人の山田高清が射止めた。その死骸は額に角が生え、腕と胴体の間にコウモリのような皮膜がある異形の生物だった。高清は角を切り取って根香寺に奉納し、その菩提をとむらったという。そのときの角といわれるものと牛鬼の絵が、今もこの寺に残る（非公開）。

仁王門近くに伝説の牛鬼の像が立つ

DATA

住 香川県高松市中山町1506

☎ 087-881-3329

交 JR予讃線高松駅からタクシー25分

P あり(無料)　宿坊 なし

MAP P125

クスノキの巨木が頭上に枝を広げる。奥の建物は本堂

第83番札所

神《しん》毫《ごう》山《さん》 大《だい》宝《ほう》院《いん》

一《いちの》宮《みや》寺《じ》

クスノキの巨木がシンボル

■ご本尊 聖観世音菩薩
■ご詠歌 さぬき一の宮の御前に仰ぎきて神の心を誰かしらゆう

■82番根香寺から
◆徒歩／瀬戸内海の眺めがいい山道を下る。やがて舗装道路に出たらほどなく予讃線鬼無駅。さらに田園風景のなかを標識に従って進む。約12・2㎞、約4時間。
◆車／五色台スカイラインを下り、県道175号・県道12号を走る。約18㎞、約40分。
◆公共交通／この区間にはない。

MAP P131

●創建は8世紀初めころ

高松市郊外の閑静な住宅街にある第83番札所。一宮寺の創建は、大宝年間（701〜704）とされ、法相宗の高僧義淵《ぎえん》によって開かれたという。当初の寺名は大宝院だったが、田村神社が創建され、その管理を行う別当寺となったことから一宮寺と改められた。義淵の弟子にあたる僧行基《ぎょうき》が別当をつとめ、堂宇を修築。その後、大同年間（806〜810）に弘法大師がここを訪れて聖観世音菩薩を刻んで本尊とし、寺を真言宗に改宗したと伝えられる。

中世には兵火に遭って堂宇を焼失したが、再興。延宝7年（1679）、田村神社と分けられ、今にいたっている。

薬師如来石堂。地獄の釜の入口という

仁王門

●一宮御陵と護摩堂

仁王門をくぐり抜けて境内へと歩を進めると、正面に寺のシンボルでもあるクスノキの大木がそびえ、その奥に本堂、右に大師堂が建つ。本堂は元禄14年（1701）に再建されたもので、秘仏である聖観世音菩薩を安置している。

本堂の左手にある手水の隣には、宝治3年（1247）の銘がある3基の宝塔が並び、一宮御陵と呼ばれている。五十狭芹彦命《いさせりひこのみこと》とその姉の百襲姫命《ももそひめのみこと》、2人の父にあたる孝霊《こうれい》天皇を供養している。

平成18年（2006）に完成した護摩堂では、毎月28日に護摩供が開催されている。護摩堂前の石灯篭は現代の名石工といわれる西村金造氏の作である。

●「地獄の釜」の伝説

本堂に向かって左手、クスノキの根元近くに小さな石造りの祠があり、薬師如来を祀っている。この石の祠に頭を入れると、ゴーッという音が聞こえてくる。それは地獄の釜のようだ、という。

納経とは別に、参拝記念として地獄の釜の朱印や参拝印を有料にていただくことができる。

DATA

- 住 香川県高松市一宮町607
- ☎ 087-885-2301
- 交 ことでん琴平線一宮駅から徒歩10分
- P あり(無料) 宿坊 なし

84番
屋島寺
83番
一宮寺
高松城跡
ホテルマリンパレスさぬき
0
1
2km
急坂で下るハイキングコース
獅子の霊巌
ホテル望海荘
旅館桃太郎
84番
屋島寺
弘法大師像や畳石などをたどりながら登るハイキングコース
血の池
屋島スカイウェイ
高松の市街地を行く。繁華街で交通量も多い
ダイワロイネットホテル高松
たかまつ
高松城跡
たかまつちっこう
坂出へ
予讃線
おきまつしま
かすがわ
ささや旅館
四国村
かたもと
ことでんやしま
しょうわちょう
番町交差点
高松シティホテル
かわらまち
国道11号
りつりんこうえんきたぐち
ビジネスホテルプリンス
徳島へ
りつりん
高徳線
屋島ロイヤルホテル
やしま
栗林公園
りつりんこうえん
きたちょう
高松国際ホテル
ビジネスホテルイーストパーク栗林
ファミリーロッジ旅籠屋高松店
りんどう
さんじょう
ふせいし
もとやま
ことでん琴平線
高松中央I.C.
みずた
根香寺から
82番
田園風景のなかの道
高松自動車道
サンロイヤルホテル
おおた
成合天満宮
一宮小
天然温泉きらら
長尾へ
田村神社
83番
一宮寺
琴平へ
いちのみや
だんらん旅人宿そらうみ
くうこうどおり
ぶっしょうざん
たかだ
栗林公園

重要文化財の屋島寺本堂

第84番札所

源平合戦の古戦場を臨む

南面山《なんめんざん》　千光院《せんこういん》

屋《や》島《しま》寺《じ》

■ご本尊　十一面千手観世音菩薩

■ご詠歌　あずさ弓屋島の宮に詣でつつ　祈りをかけて勇むもののふ

■83番一宮寺から
◆徒歩／一宮寺に隣接する田村神社の門前の道を北上。道はやがて国道11号に合流する。高徳線のガードをくぐり、高松市街中心部の番町交差点で右折。そのまま道なりに進んで八島ロイヤルホテルを目印に左折、屋島へ。全体に交通量の多い幹線道路歩きとなる。約15・8㎞、約5時間。
◆車／国道11号を走り、屋島スカイウェイで屋島山上へ。市街中心部のため渋滞もある。約17㎞、約45分。
◆公共交通／一宮駅からことでん琴平線を利用。高松築港行き16分瓦町駅でことでん志度線に乗換え、20分琴電屋島駅下車。琴電屋島駅から屋島寺まで徒歩約1時間10分。

●源平合戦の舞台に建つ

屋島といえば、連想されるのは源平の合戦。源義経《みなもとのよしつね》の急襲によってこの地を離れた平家一門は、瀬戸内海を西へ敗走、壇ノ浦《だんのうら》で背水の陣をしくものの、源氏の猛攻に耐えきれず、敗れ去った。その平家滅亡のきっかけとなった戦いの現場がここ屋島だ。

地図を見ると、屋島は高松から瀬戸内海に突き出た半島のような状態になっている。だがその昔は、屋島は四国とはごく細い海峡で隔てられた島であった。源平合戦の古戦場はこの屋島の東側の一帯。那須与一《なすのよいち》が扇の的を射た海岸や、源義経が弓を落とし、危険を冒してそれを拾った場所など、古戦場らしい伝承の地がそこここに残されている。そんな歴史に彩られた地を見下ろす山上に、屋島寺はある。

屋島は溶岩台地の山で、頂上は標高２９２ｍの南嶺《なんれい》と標高２８２ｍの北嶺《ほくれい》の２つに分かれ、瀬戸内海や高松市街の眺めが楽しめる風光明媚な景勝地として名高い。最近では高松市街の夜景を眺めるスポットとしても人気が高い。山上には屋島寺を中心に、ホテルや旅館・みやげ店が並んでいる。

源氏の将兵が血を洗ったという血の池

●名僧鑑真《がんじん》による開基

奈良時代に唐から来日した僧、鑑真。奈良に唐招提寺《とうしょうだいじ》を開いたことで知られる名僧だが、ここ屋島にも足跡を残している。天平勝宝6年（754）、日本へやってきて奈良へ向かう途中に屋島に立ち寄り、屋島の北嶺にお堂を設けた。これが84番札所屋島寺の始まりである。

●弘法大師が中興

鑑真が開いた小堂はその後、鑑真の弟子の慧《え》雲《うん》が諸堂を建立して寺としての体裁を整え、初代住職となったという。はじめ北嶺にあった寺が現在の南嶺に移ったのは、弘仁元年（810）

整然とした雰囲気の境内

四天王を配した四天門

タヌキの夫婦が目印の蓑山大明神

のこと。嵯峨《さが》天皇の勅願を受けた弘法大師による中興で、大師自ら十一面千手観世音菩薩を刻んで本尊として安置したとされる。以後、衰退した時期もあるが、江戸時代には高松藩主松平氏らの庇護を受け、再び栄えた。

●観光客が多い境内

現在の屋島は高松近郊を代表する観光地だけに、境内には遍路よりも観光客のほうが多い。だからであろうか、境内の雰囲気はいたって明るく開放的だ。この寺へは歩き遍路ならハイキングコースを登って四天門から境内へ入るが、車だと駐車場から朱塗りの門をくぐることになる。駐車場から境内へ向かう途中にある池は、源平合戦で兵士たちが血のついた刀や槍を洗ったとされる「血の池」。木立に囲まれて水をたたえた池からはとてもそのような印象は受けない。ちなみにこの池の本来の名称は瑠璃宝《るりほう》池という。薬師如来の慈悲の世界へと通じる池だ。

血の池の先で山門をくぐると、前方に鐘楼、右手に大師堂や本堂が見える。

●鎌倉時代建立の本堂は国の重文

歩き遍路の登山道は1丁目ごとに石地蔵があり、これを目安に山頂を目指す。雑木林のなかを登ると、やがて仁王門。その先に四天門があり、これをくぐると、正面に単層入母屋造の本堂が建つ。この本堂は鎌倉時代末期の建築物だが、江戸時代初期に修理されているためか室町建築のような印象を受ける。年月を刻んだ建物で、国の重要文化財に指定されている。本尊の十一面千手観音坐像は平安時代の10世紀頃のものとされ、やはり国の重要文化財だ。この本尊は、本堂に隣接する宝物館で拝観することができる。このほか、宝物館では屋島合戦屏風など源平合戦の資料、雪舟の画など、多数の文化財を収蔵展示している。宝物館からは白い凝灰岩《ぎょうかいがん》が雪のように見える石庭「雪の庭」も拝観できる。

●伝説のタヌキを祀る

屋島にはこんな伝説がある。霧がたちこめる屋島で道に迷ってしまった弘法大師。そこに蓑《みの》笠《かさ》をかぶったタヌキが現れ、弘法大師の道案内をしたというのだ。その伝説のタヌキは、本堂に向かって右側、「蓑山《みのやま》大明神」に祀られている。屋島の太三郎といい四国のタヌキの総大将なのだとか。この屋島太三郎と、佐渡の団三郎タヌキ、淡路の芝右衛門タヌキが「日本三名狸」とされている。祠の両脇には狛犬のようにタヌキの夫婦の石像が立ち、参拝客の目を引く。

DATA

住 香川県高松市屋島東町1808
☎ 087-841-9418
交 JR高徳線屋島駅から屋島山上シャトルバス（ことでんバス）18分
P あり 宿坊 なし
※宝物館は9～17時、不定休、拝観料500円

MAP P131

第85番札所

八《や》栗《くり》寺《じ》

五剣山《ごけんざん》 観自在院《かんじざいいん》

五剣山の深い緑に抱かれて建つ

■ご本尊 聖観世音菩薩
■ご詠歌 ぼんのうを胸の智火にて八栗をば 修行者ならでたれか知るべき

五剣山を背後に建つ本堂

香川県●涅槃の道場

MAP P135

■84番屋島寺から
◆徒歩／屋島寺の血の池の脇から九十九折の山道を下り、独特な山容の五剣山を目印に歩く。八栗寺へはケーブルカーを利用すると4分、表参道は所要25分。すべて徒歩の場合屋島寺から約6km、約2時間30分。
◆車／屋島ドライブウェイから国道11号に出る。ケーブルカーを利用するルートと山上まで車で上がるルートがある。八栗駅付近から八栗ケーブル登山口駅に向かうと約7・5km、約20分。八栗新道から山上まで上ると約11km、約30分。
◆公共交通／JR屋島駅から徒歩7分のバス停馬場先からことでんバス庵治線等で4分、ことでん八栗駅前下車。徒歩20分で八栗ケーブル登山口。

●岩峰が印象的に迫る

屹立する岩峰が印象的な五剣山《ごけんざん》（標高３６６m）。その五剣山の中腹に建つ札所が八栗寺だ。山上までケーブルカーや車で訪れる場合は、多宝塔と大師堂の前を通って本堂へ向かう。

表参道を歩いてきた遍路は、境内に入ると真っ先に目にするのは五剣山を背景に本堂が建つ風景。深山の寺といった佇まいだ。

桧皮葺の聖天堂

●弘法大師創建の寺

平安時代、若き日の弘法大師がこの地へ修行に訪れたとき、天から5本の剣が降ってきて、山の鎮守である蔵王権現《ざおうごんげん》からお告げがあった。大師は5本の剣を山に埋め、鎮護とし大日如来を刻んだのにちなみ五剣山と名付けた。そして、お堂を建て、彫った千手観音を祀り、ここから八つの国を見渡せたことから八国寺と名付けた。弘法大師は唐へ渡る前に入唐求法の成否を占うために再度この山に登り、山内に8つの焼き栗を植えた。帰国後に来てみると、すべて成長していたので、八国寺を八栗寺と改名した。

●江戸時代の建物が残る

堂宇は戦国時代に焼失の後、文禄年間（１５９３～１５９６）に無辺上人、江戸時代には初代高松藩主松平頼重《よりしげ》により本堂が再建された。本堂左手には、延宝5年（１６７７）建立の聖天堂《しょうでん》があり、祀られている歓喜天は「八栗のお聖天さん」と呼ばれ、商売繁盛、良縁成就、夫婦和合のご利益があると信仰を集めている。

朱塗りの多宝塔

DATA

- 住 香川県高松市牟礼町牟礼3416
- ☎ 087-845-9603
- 交 ことでん志度線八栗駅からタクシーで5分の八栗ケーブル登山口下車、ケーブルカー4分の八栗山上駅下車、徒歩5分
- P あり（ケーブル登山口駅前は無料、山上は有料） 宿坊 なし

85番 八栗寺 → 86番 志度寺

八栗ケーブル

■番外霊場　香西寺

香西寺は奈良時代、行基の開創という歴史のある寺院。弘法大師が訪れ、嵯峨天皇の勅願所となり、朱雀天皇の時代には談義所（仏教の学問所）になるなど発展した。寛文９年（1669）、高松藩主松平頼重が堂宇を整備したのが現在の寺の原型となる。

門前から参道を進み、仁王門の先、石段を上った先が本堂。石段の両脇には水子地蔵がぎっしりと隙間なく並ぶ。境内にはほかにも石仏が目立つ。本堂は一見すると唐破風のついた入母屋造のようだが、後方に二層の宝形造建築があり、本堂側面の壁はこの宝形の堂とつながっている。これは堂を本殿と拝殿に分けるという神社のような発想が背景となっているもので、寺院建築としては珍しい造り。本堂に向かって右隣は毘沙門堂で、重要文化財の藤原時代の毘沙門天像を安置。その手前の大師堂には弘法大師のほか、不動明王と鎮守神がまつられている。

●予讃線香西駅から徒歩 30 分。または予讃線高松駅から弓弦羽行きことでんバス 26 分中塚下車徒歩３分。

第86番札所

補陀洛山《ふだらくざん》 清浄光院《せいじょうこういん》 志度寺《しどじ》

八十八ヶ所最古級の寺

■ご本尊 十一面観世音菩薩
■ご詠歌 いざさらば今宵はここに志度の寺 祈りの声を耳にふれつつ

江戸時代建築の本堂は重要文化財

五重塔

■85番八栗寺から
◆徒歩／八栗寺の裏参道から国道11号へ。約6・5㎞、約2時間。
◆車／徒歩ルートと同じ道。約6・5㎞、約15分。
◆公共交通／八栗寺から徒歩約1時間でことでん八栗新道駅。ここからことでん志度線9分琴電志度駅下車、徒歩10分で志度寺。

MAP P135

●縁起が伝える祈りの道場

志度寺の歴史は古い。創建は推古《すいこ》天皇の時代（592〜628）凡園子《おおしそのこ》尼が志度浦に流れついた霊木で十一面観音を作り安置したと伝わる。弘仁年間（810〜824）に弘法大師が訪れ、霊場としての歴史が始まったという。

現在の本堂、仁王門は寛文10年（1670）に高松藩主松平頼重《まつだいらよりしげ》によって造営されたもので、ともに国の重要文化財。仁王門には鎌倉時代の仏師運慶《うんけい》作と伝わる金剛力士像が力強く立っている。

●見どころが多い境内

境内には多くの見どころがある。室町時代に造られたという曲水式庭園や、弘法大師が植えたと伝わる大クスノキ、また江戸時代の建築物である閻魔《えんま》堂、奪衣婆《だつえば》堂など。五重塔は昭和50年（1975）に建立されたものだが、讃岐の古刹らしい威厳を見せている。本堂には本尊の十一面観世音菩薩、脇仏の不動明王と毘沙門天。いずれも国の重要文化財で、年1回、7月16日に開帳される。

●藤原不比等と海女の恋物語

志度寺には謡曲「海士」の原型となった「海女の珠取り縁起」が伝わる。伝説のもうひとりの主人公は奈良時代の公卿、藤原不比等である。不比等は、亡き父の藤原鎌足を供養しようと、奈良に興福寺建立を発願するが、唐から贈られた宝珠を志度の沖で竜神に奪われてしまう。宝珠を取り戻そうと志度を訪れた不比等はこの地で海女と恋におち、房前という男子が誕生する。海女は観音菩薩に祈願し、自らの死と引き換えに宝珠を取り戻す。愛する海女の死を悲しんだ不比等は、彼女の墓と小さな堂を建立して「死度道場」と名付けた。後年、成長した房前は行基とともに母の追善供養で寺を拡張し、「志度寺」と改名した。

仁王門も国の重要文化財

五重塔の裏手には、海女の墓とされる五輪塔と、石造の経塚がある。

DATA

住 香川県さぬき市志度1102
☎ 087-894-0086
交 JR高徳線志度駅から徒歩10分
P あり(無料)　宿坊 なし

広い境内中央にクスノキの巨木がそびえ、正面に本堂と大師堂

第87番札所

静御前伝説が残る

補陀落山《ふだらくざん》 観音院《かんのんいん》

長尾寺《ながおじ》

■ご本尊 聖観世音菩薩

■ご詠歌 あしびきの山鳥の尾の長尾寺 秋の夜すがら御名を唱えよ

■86番志度寺から
◆徒歩／県道3号と県道に並行する旧道を南下する。約6・7㎞、約2時間。
◆車／県道3号を走る。約7㎞、約15分。
◆公共交通／志度寺から徒歩5分で国道口バス停。ここからさぬき市コミュニティバス多和線25分大川バス本社前下車、徒歩5分。バスは1日3便、バスの運行時刻によっては歩いたほうが早い。

●門前に国の重要文化財

長尾の市街地を歩いていくと、87番札所長尾寺の仁王門が見えてくる。元禄7年（1694）の建築で、鐘楼を兼ねている。仁王門の前には左右一対の「経幢《きょうどう》」と呼ばれる石柱がある。それぞれに経文が刻まれ、「弘安六年」、「弘安九年」の銘がある。13世紀後半、蒙古《もうこ》の日本襲来を迎え撃った元寇《げんこう》の役で犠牲となった讃岐の将兵を慰霊するために建てられたものという。国の重要文化財。

●奈良時代開創の古刹

縁起によると天平11年（739）、行基《ぎょうき》が聖観音菩薩を刻んで小堂に安置したのが始まり。大同年間（806～810）に弘法大師が唐へ渡る前にこの地を訪れて唐での無事と修行の成就を祈願したと伝えられている。

本尊の聖菩薩観音は戦国時代の戦火を免れ、今も本堂に安置されているが秘仏。本堂は天和元年（1683）に高松藩主松平頼重が建立したもので、丸瓦には松平家の葵の紋がある。

MAP P139

鐘楼を兼ねた仁王門の門前に重文の経幢

重要文化財の経幢

●静御前《しずかごぜん》の伝説

源義経《みなもとのよしつね》の愛妾静御前についいては多くの伝説が語り継がれているが、この長尾寺にも静御前伝説が伝えられている。鎌倉で源頼朝によって愛児を海に流された静御前は諸国をさまよって讃岐のこの寺に着いた。そして、奥州平泉での義経の死を知って悲しみにくれ、得度を決意。静御前が剃髪《ていはつ》した髪を埋めたといわれているのが、本堂の左手前にある静御前剃髪塚。剃髪した静御前は、長尾寺の近くに庵を構え、義経との思い出を胸に秘めながら余生を過ごしたといわれている。

静御前の剃髪塚

DATA

住 香川県さぬき市長尾西653
☎ 0879-52-2041
交 ことでん長尾線長尾駅から徒歩5分
P あり(無料)　宿坊 なし

第88番札所

四国巡礼の結願の寺
医《い》王《おう》山《ざん》 遍《へん》照《じょう》光《こう》院《いん》
大《おお》窪《くぼ》寺《じ》

■ご本尊 薬師如来
■ご詠歌 南無薬師諸病なかれと願いつつ詣れる人は大窪の寺

山並を背後に建つ本堂

MAP P139

■87番長尾寺から
◆徒歩／県道3号を歩いて多和の集落から国道377号へ。車に注意しながら歩く。旅館竹屋敷の先で旧道に入ると、歩きやすい。約17㎞、約4時間20分。◆車／県道3号、国道377号を走る。約17㎞、約35分。◆公共交通／長尾寺から徒歩5分の大川バス本社前からさぬき市コミュニティバス中山行き約30分大窪寺下車。

●「結願の寺」の創建は奈良時代

阿讃山脈の山ふところに抱かれて建つ大窪寺。歩き遍路は西側の仁王門から境内に入るが、できればみやげもの店や食堂などが並ぶ門前町を歩いて、南側の二天門《にてんもん》から境内に入りたい。石段の上り口には、「八十八番結願所」と刻まれた石柱。八十八ヶ所巡りを締めくくる「結願の寺」にいよいよ到着だ。

寺の歴史は古く、養老元年（717）に行基によって創建された。9世紀の初め、唐から帰国した弘法大師がこのあたりの岩窟で秘法を行なった際に大きな窪のそばに堂宇を建て、薬師如来を刻んで本尊としたと伝えられている。

●結願の寺らしい晴れやかな雰囲気の境内

中世には100以上の堂塔が建ち隆盛をみせたというが、天正年間（1573〜1592）に兵火に遭ってほとんどが焼失。再建されたのは江戸時代に入ってから。高松藩主松平氏が寺領を寄進し、堂宇を再建した。しかし明治33年（1900）にまたも火災に見舞われ、山門以外の伽藍《がらん》を焼失。現在の建物はほとんどがその後の再建である。とはいえ、山深い緑に抱かれて落ち着いたたずまいを見せる境内は、結願の寺にふさわしい晴れやかな雰囲気に満ちている。

●本堂と大師堂

本尊の薬師如来は度重なる火災からまぬがれ、秘仏として本堂に安置されている。本堂にはまた、弘法大師が納めたと伝わる錫杖《しゃくじょう》もあるが拝観はできない。

本堂を参拝したら大師堂へ。昭和59年（1984）に建てられたもので、地下には四国八十八ヶ所のそれぞれの寺院と同じ仏さまが祀られ、有料だが八十八ヶ所のお砂踏みも体験できる。大師堂の右側にあるガラス張りのお堂は宝杖堂。長かった巡礼の旅を終え、結願したお遍路さんたちの金剛杖を奉納するところだ。

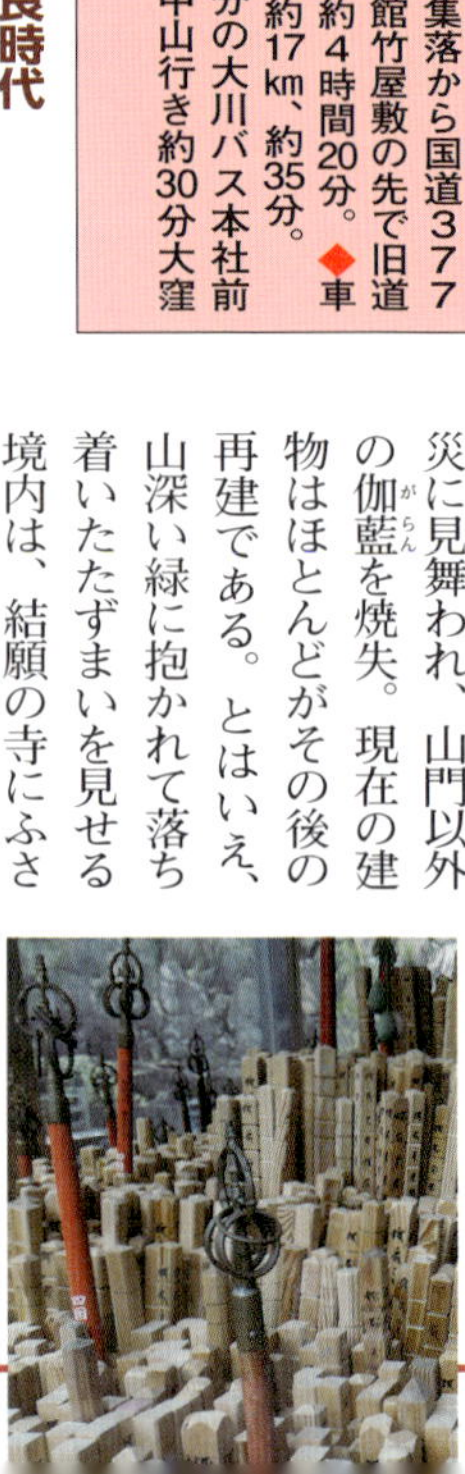
遍路と苦楽を共にした金剛杖が奉納されている

DATA

住 香川県さぬき市多和兼割96
☎ 0879-56-2278
交 ことでん長尾線長尾駅から徒歩3分の大川バス本社前へ。ここからさぬき市コミュニティバス約30分大窪寺下車、徒歩2分
P あり(無料)　宿坊 なし

■番外霊場　大瀧寺

徳島県と香川県の県境に沿って標高 500 ～ 1000 メートル級の山が東西に連なる阿讃山脈。大瀧寺はこの山脈の中央部、標高 946 mの大滝山の山頂直下、およそ標高 910 mの地にある。

大瀧寺は奈良時代に行基が開き阿弥陀三尊を安置、平安時代には若き日の空海がこの地で修行をした。空海の書『三教指帰』には「阿国大瀧ノ嶽に躋攀し土州室戸ノ崎に勤念す」とある。土州室戸ノ崎は高知県の室戸岬、阿国大瀧ノ嶽がここ大滝山。空海は 42 歳のときにこの地を再訪、西照大権現を安置して、厄除の秘法を納めたとされる。

境内への石段を上ると正面に本堂、左に大師堂と納経所。境内の東側に隣接して、山頂へ続く長い石段。石段は男性の厄年の 42 段と女性の厄年の 33 段など、男女の厄年にちなむ段数になっており、登りつめた先には空海が安置した西照大権現をまつる西照神社が建つ。

●ＪＲ徳島線穴吹駅からタクシー約 45 分。

遍路旅の宿

■遍路の宿

遍路の旅とはいっても、宿泊場所にしきたりはありません。どこに宿泊するかは予算や好みに応じて、温泉旅館でも観光ホテルでもできます。いずれにしても宿泊する場合は必ず事前予約を。

遍路が比較的よく利用するのはビジネスホテル。空室があれば当日の電話でも受け付けてくれるところが多く、「今日はどこまで行かれるだろう」といった、予定が立ちにくい場合にありがたいところです。また、遍路の朝早い出発にも対応してくれることもあります。

民宿も遍路に人気の宿泊施設。料金が手ごろなうえ、札所の近くにある民宿は利用客のほとんどが遍路、といった場合もあり、対応に慣れている施設が多いのも魅力です。なかには翌日のお弁当を作ってくれるところもあります。

また、戸建て住宅などを活用した民泊、共用リビングなど共用空間を設けているゲストハウス、一棟貸し切り型の宿なども増えているので、調べてみるといいでしょう。

●宿坊について

遍路旅ならではの宿が宿坊です。これは、寺院が経営する宿泊施設。普通の旅館と比べて異なるのは、朝6時ころから（寺によっては午後7時ころから）お勤め（仏前での読経や法話）があること。とはいえ、特に堅苦しいことはなく、旅館感覚で宿泊できます。

設備などは各宿坊で異なりますが、おおむね以下のようなものです。各宿坊についての詳細は、それぞれの寺院のデータ欄を参照してください。

・お勤めは自由参加のところと、宿泊者は原則として参加するところがあります。自由参加の宿坊であっても、できれば参加したいところ。

・食事は本格的な精進料理という宿坊もあれば、刺身など普通の料理の場合もあります。観光旅館ではないので「贅を凝らした」という料理ではありませんが、通常の夕食・朝食としては十分すぎるほど。また、ビールやお酒などの注文も普通にできます。飲み物の自動販売機を設置している宿坊も多くあります。

・客室は和室が中心ですが洋室もあります。客室にテレビは当たり前。普通に夜を過ごせます。

・トイレや洗面所は客室とは別のとなっているところもあります。

・入浴時間はおおむね18時ころ～21時ころ。小さなタオルはありますが、バスタオルはありません。

・浴衣は用意されていないか、あっても有料の場合も。

・常時、宿坊を営業している札所もありますが、なかには不定期営業という札所もあります。遍路旅を予定している日程で宿泊が可能かどうか、事前に必ず確認してください。

■以下に記載した宿泊料金は、無印＝1泊2食付の標準的な料金、R＝1泊ルームチャージ・素泊まり（朝食無料の場合も含む）の標準的な料金を示しています。料金は季節や曜日（平日、休日、休前日）、1室を利用する人数、食事の内容、予約方法（電話、予約サイトなど）によって異なるため、必ずしもここで記している金額ではありませんが、目安として紹介しますので参考にしてください。

また、遍路のための割安な宿泊料金が設定されている場合があります。

いずれの宿も、事前に必ず詳細をお問い合わせのうえ、宿泊予約を入れてください。

名称	住所	電話番号	料金の目安（円）
■第1番霊山寺　■第2番極楽寺　■第3番金泉寺周辺の宿			
民宿観梅苑	徳島県鳴門市大麻町坂東広塚9	088-689-0697	8800
料理旅館大鳥居苑	徳島県鳴門市大麻町板東西山田33-4	088-689-3523	15000
おくむら旅館	徳島県板野郡藍住町奥野字前川74	088-692-2230	8000
HOTEL AZ徳島板野店	徳島県板野郡板野町川端字新手崎27番1	088-672-2611	8000
宿はグッドリッチ藍住（民泊）	板野郡藍住町徳命字元村134-8	088-631-3338	R 6600
■第4番大日寺　■第5番地蔵寺　■第6番安楽寺　周辺の宿			
おんやど森本屋	徳島県板野郡板野町羅漢野上60-1	088-672-3568	7700
民宿寿食堂	徳島板野郡上板町七條字大道13-1	088-694-2024	7000
安楽寺宿坊	徳島県板野郡上板町引野字寺ノ西北	088-694-2046	8000
■第7番十楽寺　■第8番熊谷寺　■第9番法輪寺　周辺の宿			
十楽寺宿坊	徳島県阿波市高尾字法教田58	088-695-2150	8200
民宿越久田屋	徳島県阿波市土成町宮川内字宮ノ下31-1	088-660-4301	R 5000
■第10番切幡寺　■第11番藤井寺　■第12番焼山寺　周辺の宿			
ビジネスホテル八幡	徳島県阿波市市場町大野島新ノ池8-1	0883-36-1688	R 5300
セントラルホテル鴨島	徳島県吉野川市鴨島町鴨島471-2	0883-24-8989	R 6000
三笠屋旅館	徳島県吉野川市鴨島町鴨島461-10	0883-24-2511	7000
ゲストハウス チャンネルカン	徳島県吉野川市鴨島町知恵島740-1	0883-24-7059	R 3980
ビジネスホテルロードサイド	徳島県吉野川市鴨島町内原160-3	0883-22-1088	R 5000
さくらや旅館	徳島県名西郡神山町神領字北91-1	088-676-0036	7500
神山温泉ホテル四季の里	徳島県名西郡神山町神領本上角80-2	088-676-1117	13750
植村旅館	徳島県名西郡神山町阿野字本名12-1	088-678-0859	7500
神山くらしの宿 moja house	徳島県名西郡神山町神領字本小野363	050-5359-5598	R 4500（ドミトリー）
千年乃宿 旧高木邸（古民家宿）	徳島県名東郡佐那河内村上府能104	090-2008-7303	R 44000（1棟貸し切り）
■第13番大日寺　■第14番常楽寺　■第15番国分寺　■第16番観音寺　■第17番井戸寺　周辺の宿			
名西旅館・花	徳島県徳島市一宮町西丁234	088-644-0025	7150
旅館かどや	徳島県徳島市一宮町西丁268	088-644-0411	7000
鱗楼	徳島県徳島市国府町中268-1	088-642-4437	8250

名称	住所	電話番号	料金の目安(円)
おんやど松本屋	徳島県徳島市国府町井戸寺北屋敷76	088-642-3772	7000
小舞庵	徳島市国府町観音寺14-1	公式HPから連絡	R 8800
ゲストハウス・マイホーム	徳島県名西郡石井町藍畑高畑924-1	090-4972-4148	R 7000
セルフイン徳島 蔵本駅前	徳島市蔵本町2-13-2	088-676-2818	R 6800
スマイルホテル徳島	徳島県徳島市元町1-24	088-626-0889	R 9000
ホテルサンシャイン徳島	徳島市南出来島町2-9	088-622-2333	R 9500
ダイワロイネットホテル徳島駅前	徳島県徳島市寺島本町東3-8	088-611-8455	R 9500
ビジネスホテルアバァンティ	徳島県徳島市東大工町1-20	088-654-5550	R 7000
宿屋ひわさ	徳島県徳島市西船場町1-9	088-661-1381	R 6800
センチュリープラザホテル	徳島県徳島市南昭和町1-46-1	088-655-3333	R 6000
徳島グランヴィリオホテル	徳島県徳島市万代町3-5-1	088-624-1111	R 12900
徳島ワシントンホテルプラザ	徳島県徳島市大道1-61-1	088-653-7111	R 6800
ホテルたいよう農園 徳島県庁前	徳島県徳島市昭和町1-15	088-655-5151	R 7700
ビジネス旅館喜楽	徳島県徳島市南常三島町3-7-4	088-625-4275	8650
■第18番恩山寺　■第19番立江寺　周辺の宿			
民宿ちば	徳島県小松島市野町字恩山寺谷21	0885-33-1508	7200
立江寺宿坊	徳島県小松島市立江町若松13	0885-37-1019	7000
■第20番鶴林寺　■第21番太龍寺　■第22番平等寺　■第23番薬王寺　周辺の宿			
民宿金子や	徳島県勝浦郡勝浦町生名字石垣3-1	0885-42-2721	6480
山茶花	徳島県阿南市新野町秋山188-1	0884-36-3701	7000
ビジネスホテルケアンズ	徳島県海部郡美波町奥河内字弁才天75-17	0884-77-1211	R 4800
ふなつき旅館	徳島県海部郡美波町奥河内寺前165	0884-77-0168	7560
お宿日和佐	徳島県海部郡美波町奥河内字本村148-1	080-9830-3920	R 4500
■第24番最御崎寺　■第25番津照寺　■第26番金剛頂寺　■第27番神峯寺			
最御崎寺遍路センター	高知県室戸市室戸岬町4058-1	0887-23-0024	7000
民宿室戸荘	高知県室戸市室戸岬町6939-1	0887-22-0409	6600
太田旅館	高知県室戸市室津2649	0887-22-0004	6500
ホテル富士	高知県室戸市室津2577	0887-22-0205	10000
民宿うらしま	高知県室戸市元甲1901-4	0887-23-1105	9400
ホテルなはり	高知県安芸郡奈半利町乙593-1	0887-38-5111	14000
民宿とうのはま	高知県安芸郡安田町唐浜2374	0887-38-8827	6600
■第28番大日寺　第29番国分寺　■第30番善楽寺　■第31番竹林寺　■第32番禅師峰寺			
民宿きらく	高知県香南市野市町母代寺414-5	0887-56-1985	6800
高知黒潮ホテル	高知県香南市野市町東野1630	0887-56-5800	R 14000
サザンシティホテル	高知県南国市明見933	088-863-2000	R 8000
ホテル土佐路たかす	高知市高須2-6-55	088-882-7700	R 5000
えび庄	高知県高知市仁井田4635	088-847-0268	6600
ザ クラウンパレス新阪急高知	高知県高知市本町4-2-50	088-873-1111	R 7800
JRクレメントイン高知	高知県高知市北本1-10-59	088-855-3111	R 7500
コンフォートホテル高知	高知県高知市北本町2-2-12	088-884-2811	R 7500
ウェルカムホテル高知	高知県高知市追手筋1-8-25	088-823-3555	R 7000
■第33番雪蹊寺　■第34番種間寺　■第35番清瀧寺　■第36番青龍寺　周辺の宿			
民宿高知屋	高知県高知市長浜658	088-841-3074	6500
ゲストハウスお遍路ハウス33	高知県高知市長浜4719-1	090-2825-3387	R 6000
ホテルSPはるの	高知県高知市春野町芳原2485	088-842-0011	8000
天然温泉はるのの湯	高知県高知市春野町西分3546	088-894-5400	13000
はるのゲストハウス	高知県高知市春野町弘岡上845	088-894-2536	R 8700
ビジネスイン土佐	高知県土佐市高岡町甲1975-15	088-852-5322	R 4880
土佐龍温泉三陽荘	高知県土佐市宇佐町竜504-1	0120-15-4592	R 5500
■第37番岩本寺　周辺の宿			
岩本寺宿坊	高知県高岡四万十町茂串町3-13	0880-22-0376	8800
末広旅館	高知県高岡郡四万十町琴平町3-17	0880-22-1046	6000
■第38番金剛福寺　周辺の宿			
金剛福寺宿坊	高知県土佐清水市足摺岬214-1	0880-88-0038	6500
足摺国際ホテル	高知県土佐清水市足摺岬662	0880-88-0201	17000
民宿福田家	高知県土佐清水市足摺岬1409-3	0880-88-0529	8500
アシズリテルメ	高知県土佐清水市足摺岬東畑1433	0880-88-0301	17000
TheMana Village	高知県土佐清水市足摺岬783	0880-88-1111	32000
足摺サニーサイドホテル	高知県土佐清水市松尾19-2	0880-88-1111	16000
ホテル海上館	高知県土佐清水市足摺岬565	0880-88-0503	14000
民宿西田	高知県土佐清水市足摺岬716-1	0880-88-0025	9000

名称	住所	電話番号	料金の目安(円)
ホテルしみず	高知県土佐清水市旭町63	0880-87-9123	R5500
■第39番延光寺　周辺の宿			
秋沢ホテル	高知県宿毛市幸町6-43	0880-63-2129	R 9900
ホテルアバン宿毛	高知県宿毛市宿毛1108	0880-63-1180	R 8000
■第40番観自在寺　周辺の宿			
一本松温泉あけぼの荘	愛媛県南宇和郡愛南町増田5470	0895-84-3260	7500
民宿大盛屋	愛媛県南宇和郡愛南町一本松中1271-2	0895-84-3292	6000
城辺ビジネスホテル	愛媛県南宇和郡愛南町城辺甲2662	0895-72-2311	R 6000
山代屋旅館	愛媛県南宇和郡愛南町御荘平城2270	0895-72-0001	7300
■第41番龍光寺　■第42番佛木寺　■第43番明石寺　周辺の宿			
民宿みやこ	愛媛県西予市宇和町稲生307	0894-62-5872	7000
松屋旅館	愛媛県西予市宇和町卯之町3-218	0894-62-0013	7700
第1ビジネスホテル松屋	愛媛県西予市宇和町卯之町3-207	0894-62-3232	R 6000
宇和パークホテル	愛媛県西予市宇和町上松葉325	0894-62-2211	R 6500
■第44番大寶寺　第45番岩屋寺　周辺の宿			
大寶寺宿坊	愛媛県上浮穴郡久万高原町菅生1173	0892-21-0044	6000
いやしの宿 八丁坂	愛媛県上浮穴郡久万高原町下畑野川甲1609-7	0892-41-0678	10000
やすらぎの宿でんこ	愛媛県上浮穴郡久万高原町入野1363	0892-21-0092	9000
国民宿舎古岩屋荘	愛媛県上浮穴郡久万高原町直瀬乙1636	0892-41-0431	R 7000
久万高原町ふるさと旅行村	愛媛県上浮穴郡久万高原町下畑野川乙488	0892-41-0711	19500
■第46番浄瑠璃寺　■第47番八坂寺　■第48番西林寺　周辺の宿			
民宿旅館長珍屋	愛媛県松山市浄瑠璃町119-1	089-963-0280	11000
南道後温泉ホテル ていれぎ館	愛媛県伊予郡砥部町拾町92-2	089-957-8585	R 9000
■第49番浄土寺　■第50番繁多寺　■第51番石手寺　周辺の宿			
たかのこのホテル	愛媛県松山市鷹子町737-2	089-960-1588	14000
道後プリンスホテル	愛媛県松山市道後比売塚100	089-947-5111	32000
ホテルエコ道後	愛媛県松山市道後湯月町2-17	089-908-5444	R 6300
ビジネスホテルさくら	愛媛県松山市道後多幸町3-16	089-932-4438	R 7000
ドウゴノオヤド いわさき	愛媛県松山市岩崎町2- 8-22	089-913-0303	R 5000
ホテルヴィラ道後	愛媛県松山市道後湯之町4-55	089-934-3216	R 8800
■第52番太山寺　■第53番圓明寺　周辺の宿			
民宿伊予路	愛媛県松山市堀江町567-2	089-978-6155	6500
リゾートインマーメイド	愛媛県松山市堀江町849-3	089-978-5237	7500
清泉フォンテーヌ	愛媛県松山市福角町1233-1	089-978-1180	11000
ホテルAZ	愛媛県松山市祓川2-12-18	089-953-3301	R 7000
■第54番延命寺　■第55番南光坊　■56番泰山寺　■第57番栄福寺　■第58番仙遊寺　■59番国分寺　周辺の宿			
JRクレメントイン今治	愛媛県今治市北宝来町2-773-9	0898-55-8333	R 5000
今治アーバンホテル	愛媛県今治市北宝来町1-5-28	0898-22-5311	R 8000
今治国際ホテル	愛媛県今治市旭町2-3-4	0898-36-1111	R 10000
仙遊寺宿坊	愛媛県今治市玉川町別所甲483	0898-55-2141	8000
ホテルバリ・イン	愛媛県今治市中寺239-1	0898-33-0909	R 5000
■第60番横峰寺　第61番香園寺　■第62番宝寿寺　第63番吉祥寺　■第64番前神寺　周辺の宿			
ビジネス旅館小松	愛媛県西条市新屋敷363-6	0898-72-5881	R 5000
湯之谷温泉	愛媛県西条市洲之内甲1193	0897-55-2135	10000
ホテルAZ 愛媛東予店	愛媛県西条市三津屋南2-29	0898-64-1881	R 5000
お遍路ハウスお宿すけ家	愛媛県西条市三津722-3	公式HPより予約申し込み	5000
ホテルトレンド西条	愛媛県西条市三津屋南6-22	0898-65-5157	R 6000
ターミナルホテル東予	愛媛県西条市三津屋南6-29	0898-76-1818	R 8000
西条セントラルホテル	愛媛県西条市大町845-7	0897-55-7272	R 6000
西条アーバンホテル	愛媛県西条市大町800-3	0897-53-5311	R 8000
■第65番三角寺　周辺の宿			
ビジネスホテルマイルド	愛媛県四国中央市三島朝日3-1-12	0896-24-3090	R 9000
ホテルグランフォーレ	愛媛県四国中央市三島朝日1-1-30	0896-23-3355	R 7200
プリンスホテル杉原	愛媛県四国中央市川之江町1760	0896-58-2024	R 8000
ホテルセレクトイン四国中央	愛媛県四国中央市川之江町1902—1	0896-22-3900	R 5000
四国セントラルホテル	愛媛県四国中央市川之江町4066-1	0896-22-4421	R 6000
ホテルR9 THE YARD四国中央	愛媛県四国中央市川之江町939-15	0896-29-5950	R 7000
ホテルルートイン四国中央 三島	愛媛県四国中央市妻鳥町1687-3	050-5211-5777	R 8000
スーパーホテル四国中央	愛媛県四国中央市下柏町852-1	0896-22-9000	R 9000
■第66番雲辺寺　■第67番大興寺　■第68番神恵院　■第69番観音寺　■第70番本山寺　周辺の宿			
民宿青空屋	香川県観音寺市粟井町奥谷4117-3	0875-27-7309	7000

名称	住所	電話番号	料金の目安(円)
お遍路さん宿四国路	香川県観音寺市原町764-1	0875-27-9444	7000
観音寺グランドホテル	香川県観音寺市坂本町5-18-40	0875-25-5151	R 9000
旅館晩翠	香川県観音寺市観音寺町甲3099-1	0875-25-2158	7700
ワカマツヤ(若松家本館)	香川県観音寺市観音寺町甲3331-1	0875-25-4501	R 6000
一富士旅館	香川県三豊市豊中町本山甲1766-2	0875-62-2036	7000
ビジネスホテル観音寺	香川県観音寺市茂木3-6-32	0875-23-1251	R 9000
ホテル サニーイン	観音寺市観音寺町甲1235	0875-23-3210	R 7000
■第71番弥谷寺 ■第72番曼荼羅寺 ■第73番出釋迦寺 ■第74番甲山寺 ■第75番善通寺 ■第76番金倉寺 ■第77番道隆寺 周辺の宿			
天然いやだに温泉大師の湯	香川県三野町大見乙74	0875-72-2601	9100
善通寺宿坊	香川県善通寺市善通寺町3-3-1	0877-62-0111	8000
善通寺グランドホテル	香川県善通寺市上吉田町8-8-5	0877-63-2111	R 7000
丸亀プラザホテル	香川県丸亀市塩飽町50-3	0877-23-1391	R 8000
アパホテル丸亀駅前大通り	香川県丸亀市大手町3-6-1	0877-21-0111	R 6000
ホテルルートイン丸亀	香川県丸亀市田村町字二丁田512-1	050-5576-7995	R 9000
チサンイン丸亀善通寺	香川県丸亀市原田町西三分一1587-1	0877-21-3711	R 6500
善通寺ステーションホテル	香川県善通寺市上吉田町2-1-2	0877-62-6222	R 9000
遍路民宿鶴吉	香川県善通寺市弘田町999-1	080-2514-4854	8800
■第78番郷照寺 第79番天皇寺 周辺の宿			
ホテルアネシス瀬戸大橋	香川県宇多津町浜六番丁81	0877-49-2311	R 9000
旅館川久米	香川県坂出市元町1-7-12	0877-46-2119	5000
ホテルニューセンチュリー坂出	香川県坂出市久米町1-25-8	0877-45-1180	R 7000
宇多津グランドホテル	香川県綾歌郡宇多津町三番丁22-1	0877-41-1000	R 7000
坂出グランドホテル	香川県坂出市西大浜北1-2-33	0877-44-1000	R 7000
坂出プラザホテル	香川県坂出市西大浜北3-2-43	0877-45-6565	R 8000
ホテルルートイン坂出北インター	香川県坂出市西大浜北4-5-31	0877-59-1110	R 9000
ビジネス旅館久米ひまわり荘	香川県坂出市西大浜南3-1-15	0877-46-0621	8000
ホテルAZ 香川宇多津	香川県綾歌郡宇多津町字新開2419-5	0877-49-0501	R 5300
■第80番國分寺 ■第81番白峯寺 ■第82番根香寺 周辺の宿			
せと国民旅館	香川県高松市国分寺町国分356	087-874-0353	6000
ホテルジェンティール	香川県高松市国分寺町国分740-1	087-874-3003	R 5500
■第83番一宮寺 ■第84番屋島寺 周辺の宿			
高松シティホテル	香川県高松市亀井町8-13	087-834-3345	R 6200
ささや旅館	香川県高松市屋島中町168-2	087-841-9533	6000
ホテル望海荘	香川県高松市屋島東町1784-15	087-841-9111	10000
屋島ロイヤルホテル	香川県高松市屋島西町1909-3	087-841-1000	R 8500
ホテルマリンパレスさぬき	香川県高松市福岡町2-3-4	087-851-6677	R 7000
ダイワロイネットホテル高松	香川県高松市丸亀町8番地23-8階	087-811-7855	R 9200
ビジネスホテルイーストパーク栗林	香川県高松市栗林町1-14-3	087-861-5252	R 6500
ビジネスホテルプリンス	香川県高松市木太町2505-2	087-861-9565	R 9000
ファミリーロッジ旅籠屋 高松店	香川県高松市田村町1265-1	087-867-8858	10000
だんらん旅人宿そらうみ	香川県高松市一宮町393-8	公式HPより予約申し込み	6600
天然温泉きらら	香川県高松市一宮町800-1	087-815-6622	R 6000
サンロイヤルホテル	香川県高松市林町2571-2	087-815-1000	R 9000
高松国際ホテル	香川県高松市木太町2191-1	087-831-1511	R 7000
■第85番八栗寺 ■第86番志度寺 周辺の宿			
御宿高柳	香川県牟礼町牟礼3137-1	087-845-1516	R 7700
富士屋旅館	香川県さぬき市志度548-8	087-894-1175	8000
旅館いせだ	香川県さぬき市志度5386-11	087-894-0029	9500
■第87番長尾寺 ■第88番大窪寺 周辺の宿			
結願の宿 ながお路	香川県さぬき市長尾西982	0879-52-3084	6300
旅館野田屋竹屋敷	香川県さぬき市多和竹屋敷123-1	0879-56-2288	12000
民宿八十窪	香川県さぬき市多和兼割103-5	0879-56-2031	6500

著者●小林祐一（こばやし・ゆういち）

旅と歴史のプロナビゲーター。歴史紀行、文化遺産探訪、神社仏閣探訪などのジャンルを中心に取材・執筆・撮影。著書は『山手線 駅と町の歴史探訪』（交通新聞社）『東京周辺　歴史と自然の散歩道』『歴史街道　東海道・中山道を歩く』（弘済出版社）『野外おもしろ知識』（共著・主婦と生活社）『秩父三十四ヶ所札所めぐり観音霊場ルートガイド』『日本名城紀行』（東日本編・西日本編）『東京古寺探訪ベストガイド』（メイツ出版）ほか。

また、よみうりカルチャー、池袋コミュニティカレッジ、東京都公園協会、JR 東日本大人の休日倶楽部、毎日新聞旅行、高島屋カルチャー、大学の生涯学習講座などで、「街と歴史」「古寺探訪」関連の講師としても活動している。『林修のニッポンドリル』などテレビ出演も多数。

日本歴史学会、日本城郭史学会、交通史学会会員。

twitter.com/vk8gfsnoglszygq

DTP Works ●株式会社ダイアートプランニング（山本史子）
本文デザイン●水谷直弘
写真　●小林祐一
編集協力　●小林裕子（小林編集事務所）

新装改訂版 四国八十八ヶ所 札所めぐり
歩き遍路徹底ガイド

2024年　1月20日　　第1版・第1刷発行

著　者　小林 祐一（こばやし ゆういち）
発行者　株式会社メイツユニバーサルコンテンツ
代表者　大羽 孝志
〒102-0093 東京都千代田区平河町一丁目 1-8
印刷　シナノ印刷株式会社

◎『メイツ出版』は当社の商標です。

ご意見・ご感想はホームページから承っております。
ウェブサイト　https://www.mates-publishing.co.jp/

企画担当：清岡香奈

※本書は2018年発行の『四国八十八ヶ所札所めぐり 遍路歩きルートガイド 改訂版』の内容の情報更新を行い、書名と装丁を変更して新たに発行したものです。